江南案拼圖

改變中華民國國運的關鍵

李天鐸 著

百感交集

陳虎門

　　「江南案」發生於 1984 年 10 月 15 日，根據「維基百科」編輯此事件是華裔美籍作家劉宜良（筆名江南）經由中華民國國防部情報局主導，在美國加州遭到刺殺行動，此事件因涉及美國公民被狙擊身亡，美國聯邦調查局（FBI）受報後對此跨境犯罪進行調查得以偵破案情，此案不僅延燒影響中華民國與美國之間關係，且使「國防部情報局」編制被取消，將該局業務與國防部「特種軍事情報室」合併，情治系統出身的情報人員不得升任局長，當事人情報局局長汪希苓、副局長胡儀敏、第三處副處長陳虎門則被逮捕判刑。惟震撼海內外的江南命案雖宣告終結，但社會仍然議論紛紛，各種揣測說法莫衷一是，迄今只要提及這段歷史蜚短流長不絕於耳，身為當事人的我真是百感交集。

　　今年（2024 年）春，曾在國家安局海外處任職的天鐸兄，懷抱不讓歷史盡成灰的責任感，決定將多年在腦際盤旋

的「江南案」重新拼圖，透過對「國史館、國家人權博物館」
於 2021 年 2 月出版發行的《戰後臺灣政治案件江南案史料
彙編（一）（二）（三）》套書及《北美日報》等文獻研究，
並訪談部分當事人，細膩的以抽絲剝繭方式，整理出十五篇
章節，最後以「浮雲散去明月來，17 年拼圖終見日」、「江
南案算是結束了嗎」為結束語，雖然作者心中不無疑竇，或
許在整個事件中有著太多錯綜複雜的政治利害關係難為外界
知悉，既使我為當事人之一也實在難解全貌。

　　「江南案」至今年 10 月已歷 40 年，自受刑出獄直到從
國防部軍事情報局退伍前我無怨無悔執行任務，並能以繼續
維護國家安全工作貢獻棉薄之力為榮。退伍後多次接受媒體
訪問，其中提及如果現在發現有「三面諜」出賣同志，是否
還是會制裁？客觀而言，時代在變，環境在變，隨著國家安
全法規的建設與完善，必然需審時度勢處理。但最重要的是
個人認為身為軍人，尤其是情報幹部應做職責該做的事，情
報工作需要向前看、要靈活，切勿固步自封。《孫子兵法》
第十三篇〈用間〉，指出用間有五，即因間、內間、反間、
死間、生間……。故三軍之事，莫親于間，賞莫厚于間，事
莫密于間。非聖智不能用間，非仁義不能使間，非微妙不能
得間之實……，正是情報工作的寫照。

　　展讀《江南案拼圖》，回顧前塵往事，僅以〈用間篇〉
作為對過去工作的體認，同時對繼往開來工作者的期許。走

筆至此，「革命的青年，快準備，智仁勇都健全，握著現階段的動脈，站在大時代前面，貧賤不能移，威武不能屈。維護著我們領袖的安全，保衛著國家主義和主權，要負起復興民族的責任，要貫徹三民主義的實現，須應當肝膽沉著、整齊嚴肅、刻苦耐勞、犧牲奮鬥、國家長城、民族先鋒是我們。」這首「革命青年歌」開始在耳邊迴盪，久久不散。

陳虎門：1943 年生

中華民國陸軍少將

曾參與光武部隊

江南案關鍵人

1985 年 因江南案服刑

1987 年 5 月 28 日 恢復軍職

任 國防部軍事情報局

特種交通中心主任

1993 年晉升陸軍少將

2001 年從國防部軍事情報局退伍

中華民國忠義同志會理事長

天廚國際投資顧問公司負責人

| 序文二 |

真相與真相之間的縫隙與悲劇

孫大川（paelabang danapan）

一、

天鐸兄要我為他的新書寫序，很難拒絕。序有兩種：一是專業考量，目的在尋求專業領域內部的認證或討論；另一種是友誼的懇託，目的在邀請好友參與自己寫作或研究過程中的辛勞、鬱悶、發現和喜悅，具有分享性質。天鐸電話上說：「糾結多年，終於寫出來了。好友當然要共襄盛舉，以壯聲勢。」老兄的邀稿顯然並非專業考量，而是友誼邀請。這種以分享為目的的序，多少帶有「威脅」的成分，卻又令人感到溫暖；下起筆來，理智和情感格外矛盾。

不過，友誼的寫法，可以泛泛地說，也可以細密地說。天鐸既然用一年多的時間，以一塊塊拼圖的方式，一步步解

開一個鬱結在他心底十七年的情感、困惑與謎團；那我這篇回饋的序，似乎也可以以相應的時間跨度，和天鐸分享我對江南案的理解。不是專業的層次，純粹是生命的「分享」，是我對 1970 年代以來，中華民國、黨國體制和台灣主體意識變遷的觀察、焦慮和反省。轉折的時間點，就在 1984 江南案發生的那一年。

二、

1984 年 9 月 13 日我飛了足足十個半小時的飛機抵達丹麥首都哥本哈根，待四個半小時後，轉搭歐洲內陸飛機直飛比利時的布魯塞爾，開始我在魯汶求學三年半的生活。

第一次出國就跑這麼遠，古老大學城的秋天雖然美麗，內縮的心境，仍不免令人感到緊張、孤寂。荷語區老魯汶台灣的留學生不多，香港的同學有一些，最多的是大陸來的留學生，鄧小平改革開放的路線顯然打開了一個全新的局面。我很快地和中、港、台的同學們熟識了起來，兩岸三地長年的政治分隔、詭異的歷史情感、複雜的國族認同，大家在海外相遇，彼此之間充滿了好奇，都想了解對方的實際狀況和想法，我的宿舍因而成了大家聚集聊天的地方。七〇年代起國際冷戰結構的鬆解，香港媒體環境相當活絡，金庸的《明報》、李怡的《七十年代》、溫輝的《爭鳴》、金鐘的《開放》、陸鏗（大聲）的《百姓》等政論性雜誌，受到讀者熱

烈的歡迎，也成了中、港、台同學爭相閱讀、探索彼此的重要資訊來源。1984 年 10 月 15 日江南案爆發的消息，我們就是從香港方面的報導得知的，角度多元，和台灣媒體多所不同。事件被披露之後，很快成為我們爭論的話題。其實，台灣的媒體環境七〇年代起也發生了很大的變化，雖然戒嚴體制還在，但《中國時報》、《自立》報系、李敖的言論和雨後春筍般刊行的所謂「黨外雜誌」，都成了衝撞中、港、台政治結構的重要力量，反映了整個大時代變革的趨勢和動向。那二十年應該是兩岸三地媒體人最美好的年代，深刻影響戰後華人社會的政治、心理構造。這正是我理解江南案真相的第一個基礎。

三、

　　許多報導包括天鐸拼圖的結論，大都認為江南案的發生，主要是因為劉宜良（江南）這個人嚴重觸犯了情報工作的基本規矩，情報局相關人員的證詞，也都指向這是一件「制裁」的行動。天鐸 2007 年底出席竹聯幫精神領袖陳啓禮在台北大直的告別儀式，見到張大春題贈的輓聯：

　　　　　　啓節秉乎天　人從俠道　知忠藎
　　　　　　禮失求諸野　夢斷關河　望竹林

　　這幅悼詞顯然引發了同屬國安系統的天鐸強烈的共鳴，因而開始了他長達十七年的拼圖旅程。從回憶 1987 年大牛（劉金生）在巴西的猝死，以及陸陸續續和江南案相關人員的直接接觸、交往。真相明顯擺在那裡：劉宜良叛國（三面間諜），情報局按程序報告、籌劃、並結合竹聯幫人員執行制裁的行動，實乃忠義俠道之舉。我並不懷疑這一連串情報局方面研析出來的判斷及其真實性，但我更想從七〇年代、八〇年代中、港、台媒體大環境的背景，試著理解劉宜良這個人所秉受的時代性格。

　　檢視劉宜良成長的軌跡，不難發現依附軍旅可能並非他真實的志願。在那慌亂的時代，這類不得已的生命抉擇應該不算特例。他自修考進政工幹校新聞系，可能漸漸意識到「政治宣傳」和「新聞報導」遵循的是不同的邏輯，服膺的是兩種完全不同的價值與「真相」。其實，軍中對政戰人員角色扮演的質疑，一直都是公開的秘密。劉宜良在幹校畢業前夕遭開除、與夏曉華發展的關係，以及後來他在「正聲電台」、《台灣日報》、香港乃至在美國媒體界的發光發熱；在在顯示媒體工作對他有更大的吸引。這除了緣自於他個人的志趣與才華，兩岸三地政治情勢的解凍，歷史大環境的鬆軟，為新聞媒體事業創造了大好的機會。像劉宜良這樣文筆好、英文好，又多少掌握了台灣黨政軍禁忌話題素材的人，當然會成為兩岸三地報章雜誌競相爭取的寵兒。劉宜良的幸

運在這裡，悲劇也在這裡。

　　他寫《蔣經國傳》，動念要寫《吳國楨傳》，其實是那個爆料時代媒體人趨之若鶩的事。民國以來兩岸三地被混亂的政治局面禁錮、變造、扭曲或美化的人、事、物，遮蔽了眾人所有的視線。七〇、八〇年代媒體的解放，「真相」的揭發與探索，不但是群眾心裡的渴求，也有市場的需要。從毛澤東、周恩來，到蔣介石、張學良，種種有關軍閥時期、國共鬥爭的大小故事，一一提到枱面上，真假莫辨，卻滿足了大眾的好奇心。我認為這是劉宜良所屬的時代性格。

　　劉宜良的遺孀崔蓉芝後來嫁給傳奇報人陸鏗（大聲）。陸先生在香港創辦的《百姓》月刊，是我比利時唸書時期每月必翻看的雜誌之一。1990年代末，因戴國煇教授的引介，我有幸和兩位時代風霜人餐敘小酌，記得當日話題並未及於江南案，初次見面，我也不好追問往事。不過，媒體報導中，崔女士堅決否認其夫婿為三面間諜的說法。陸先生和許多當年與劉宜良熟識且密切往來的朋友，不少是兩岸三地有名的媒體人、知識份子和官場人士，在他們後來發表的追念文字中，都指出劉宜良善於言詞，交遊廣闊，個性爽朗且樂於助人，是一個藏不住秘密的人。百無忌諱，常說：自己知道什麼就寫什麼，該怎麼對就怎麼寫；不求人，就不怕得罪人。朋友們喜歡聚集在他家，可能也是因為在那裡才能暫時丟開兩岸三地種種禁忌話題，可以一吐為快。這樣的自信和

安全感從哪裡來的呢？

　　我和夏曉華先生的子女都是舊識，老夫人在世時曾去過他們陽明山的老家吃飯、唱老歌。老夫人過世後，還和其他友人受邀幾次參與夏氏兄妹的家宴。除了曾獲贈夏曉華先生《種樹的人》一書外，我和夏氏兄弟在一起，從未談過和他們父親相關的事，更沒有論及江南案的始末。不過，在網路上卻曾看過夏禹九兄一份訪談紀錄，令我印象深刻。因父親的關係，禹九三兄妹從小就和劉宜良熟識。赴美留學期間，禹九曾到華盛頓特區探望當時住在那裡的劉先生，禹九是這樣說的：

　　「我去找他，到了他家客廳，他才問夏鑄九去哪？我說夏鑄九去玩，然後就會回台灣。劉宜良對台灣非常反感，他一直叫夏鑄九不要回台灣。他聽到夏鑄九回台灣，就跳起來說：怎麼走了！然後他就叫當時唸小學的兒子出來，問兒子說：你是什麼人？他兒子大聲地說：我是美國人。劉宜良再問：美國國歌怎麼唱？他兒子開始唱星條旗國歌。這個印象非常鮮明，劉宜良認為他已經是美國人，所以中國大陸跟台灣拿他沒有辦法。這是他的背景。」（引自「你說對不對」活動第二場的文字整理。時間 2014 年 7 月 4 日。主持人袁孔琪；與談人：夏禹九。發表時間，2015 年 7 月 19 日）。

　　我想，「我是美國人」這樣的心理認知，正是劉宜良敢於放膽說話、揭發「真相」的底氣。他像是一隻擺脫了兩岸三地烏煙瘴氣、密不透風、令人窒息的籠中鳥，以為可以自由飛翔、歌唱（這何嘗不是那一代人共同的夢想）。他顯然太過於樂觀，低估了保守力量的反撲。

四、

　　做成「制裁」的結論，又是根據什麼樣的邏輯呢？如果理解當時兩岸三地媒體世界大變動的趨勢，各種對兩岸政治領導人誣蔑、揭露的八卦書籍和文章到處都有。江南《蔣經國傳》的內容，其實大都逃不出坊間流傳的耳語，估計《吳國楨傳》也寫不出什麼太驚天動地的內容。那麼，台灣的情報單位，為什麼要大動干戈、籌劃一個到美國那麼敏感的地方，執行制裁的任務呢？劉宜良的爆料有到那麼高國安層次的顧慮嗎？在我看來，「三面間諜」，做為制裁的理由是相當薄弱的，當時的媒體環境（現在恐怕更嚴重），因各方面的爭取所產生的種種訊息交易，應該是相當普遍的事，能不能認定它就是間諜行為，恐怕還有檢討的空間。嚴格說來劉宜良不能算是我方正式的諜報人員，作為付費的線民，能不能以「制裁」的理由加以約束，這都令人質疑。

　　談到權力核心和政治敏感議題時，我總會想起我九十二歲大表哥的特殊經歷與見解。他在 1950 年代初甄選入國防

部二廳外勤班，接受諜報訓練。之後去日本，並輾轉歐、美、亞、非等各地執行任務。1960 年代初派遣大陸，不久文革爆發，被捉入獄。1990 年代初，我們才得知他還在世，經多方努力，得以回台終老。多年前某日，他看我入朝為官，一臉嚴肅地問我：「你現在進入官場，我問你：有沒有人願意為你死？」我當場愣了一下，這是什麼時代，做官還要有人願意為你死，你不被罵的臭頭已是萬幸。我當時回答：「當然沒有，我也不想有。」大表哥哼一聲冷冷的說：「那你沒有用！」隨後他舉經國先生為例。他說：「我們外勤班，不屬於情報局，我們屬於國防部，直接受經國領導。救國團、政工幹校才是蔣經國掌握權力的真正骨幹，大家都願意為他死。」我雖不認同他的看法，但卻相信這是「權力」（power）這個東西最最核心的邏輯，是最理性的非理性力量，清冷且充滿秋天肅殺之氣。情報和國家安全的工作，即是最接近權力核心的工作，很難用一般邏輯來規範，尤其在一個威權體制的時代。這是我理解江南案真相的第二個基礎。

我們不妨回顧一下江南案發生前後台灣內部「權力核心」的變化及其面臨的問題。台灣 1970 年代退出聯合國之後，蔣經國擔任行政院院長，最後並接掌大位。這中間面對國內外嚴峻的挑戰，政府之所以能一一克服，免於社會的動盪；在經濟高度成長的同時，又能逐步完成台灣民主化的工

程，這當然需要許多積極條件的配合；但，權力核心的穩定，應該是一個更關鍵的因素。正因為蔣經國在父親全力的栽培下（這當中當然有許多的故事可以說），權力核心的移轉才得以平和順遂。

隨著台灣社會的解放及民主的深化，也由於蔣經國總統身體狀況日益惡化，七〇年代後期，權力核心的鞏固，受到越來越大的挑戰。不同於蔣介石、蔣經國父子的權力移轉，戒嚴令支撐下的黨國體制，即使受到外界若干的批評，威權的力量仍在，只要掌握關鍵的統治機器，權力核心依然穩固。但是，後蔣經國時代的權力安排，明顯和之前的狀況有了本質上的變化。台灣主體意識崛起和民主化的工程，已經不是原來的黨國體制所能框限，美麗島事件、林宅血案、陳文成命案，一直到 1984 年的江南案，在在顯示中華民國正在面臨一次國家體質的變革，情報、國安系統首當其衝。「願意為你死」的古典精神，必須從「領袖」、「黨國」或某種「意識形態」的牢籠裡掙脫，找到一個更制度性的安頓。困難就在這裡！1979 年至 1983 年由國防部總政治作戰部主任王昇上將所主持的「劉少康辦公室」，一個統合黨、政、軍、特的編組，反映了國安系統急需建立快速、靈活回應社會突發事件的機制。結果並沒有成功，徒然增添了指揮系統上的紊亂。劉少康辦公室的設置和王昇的啟用，隱隱透露出鞏固「權力核心」（蔣經國）的思維比較是個人親信的

考慮，而不是因應民主化所需要的客觀制度性的變革。不同於之前兩位蔣總統父子的權力移轉，「權力核心」及其周邊的鞏固力量，是充滿焦慮的。新的領導核心該是誰？誰是下一個效忠的對象？好讓大家繼續為他死，一切都充滿不確定感。這才是 1984 年前後，中華民國情治環境的真實狀況，也是江南案一個不該發生卻終於發生的悲劇之時代背景。天鐸以「大汪」（汪敬煦）、「小汪」（王希苓）內鬥作為其重要拼圖之一，我雖不敢說全無道理，但無法讓我們掌握到問題的本質。大時代變化的力量，豈能是個人私願所能左右？事件主角之一的陳啓禮事後批評：「小汪沒有擔當，他後面的人也沒有擔當」。並認為一開始便把責任推給陳自己，由他一人承擔，就不會惹出後面這麼多麻煩。時代的巨輪哪裡是個人意志所能撼動的呢？

　　蔣經國總統晚年，不論他個人知不知道，其權力周邊，的確有官邸、家臣或其嫡系在考慮、安排權力核心移轉的舉動。情報局以劉宜良寫《蔣經國傳》且著手要寫《吳國楨傳》，詆毀國家元首，做為「制裁」的理由之一，是台灣民主化之前的舊思維，是威權時代的產物和情感。天鐸花了不少筆墨描述汪敬煦將軍接掌國安局之後興革的新氣象。汪先生我完全沒有私交，卻有數面之緣。早年我曾住在新店，樓下一對朱姓「外省」老夫妻及其兒女和我們過從甚密，我的兩個女兒幾乎是他們照顧帶大的。後來知道，朱先生曾為何

應欽將軍開過座車，後來更長期做了汪敬煦將軍的駕駛兵。朱先生一家人曾都住在大崎腳，汪將軍住在那裡，前立法院長劉健群也住那裡。朱太太原本在劉健群家幫傭，因而結識了朱先生。當時住大崎腳的，還有何應欽將軍的弟弟何應瑞。何將軍沒有子女，弟弟將三女兒何麗珠過繼給哥哥，大女兒則嫁給了汪敬煦。二戰期間汪先生因英文好，曾任中國戰區中國陸軍總司令何應欽上將的侍從參謀。兩家深遠的關係，可以想見。我和汪先生就是在朱先生兒子結婚的典禮上遇見的，之後還在若干場合見過面、打過招呼。雖然如此，從朱先生夫妻口中，卻常聽到汪先生做人處事的一些風格，和天鐸的描述，頗為吻合。汪將軍工兵出生，有過作戰經驗。從工兵署長一路上來，並在台灣大變革的關鍵十年（1974~1984），擔負起中華民國情治首長的重要位置，身處風暴中心。他擔任過憲兵司令（1974~1975）、情報局長（1975~1978）、警備總司令（1978~1981）、國安局長（1981~1985），經歷了美麗島事件、林宅血案、陳文成命案和江南案等重大案件，每一個案件都有牽動台灣歷史走向的能量，汪先生也成了箭靶。

在那關鍵年代，能將情治敏感的工作交給汪敬煦先生，顯示層峰對他絕對的信任。然而，從汪先生許多口述資料中，他常強調自己是職業軍人，面對的是國家，並不與官邸的人做私下的往來。討論如何處理劉宜良問題的前置作業

時，許多資料顯示的確有官邸或親近官邸的人介入，也邀汪先生參與。這些事態汪先生應該是知道的，但似乎並沒有積極配合，其中的難處，不難想像。江南案事發之後，國安局發動「一清專案」，能不能將它簡化成自己人內鬥？我是高度懷疑的。軍隊國家化，權力核心轉移的民主化，已經是一個不可逆反的道路。李登輝總統的接班，後來幾次的政黨輪替，都需要一個新的思維和精神來面對。江南案是翻過威權時代第一頁的開始。

五、

大學時代讀過勞思光先生的《歷史的懲罰》一書，裡面一段話令我難忘至今，他說：

「人在任何歷史階段中，一方面他要受已有的歷史條件的限制；一方面他卻可能據其自覺的活動創生新的條件，以改變未來之歷史。人是以往歷史的奴隸，卻是未來歷史的主人。在歷史的因果關係下，人只能承擔一切已成立的歷史之過，但又能為未來種下新的果實。倘若人所處的歷史階段，正遇上已成立的歷史條件都給人類帶來苦難，則人對這種苦難只有承擔；但人仍可以為未來留下種子，以待新條件成熟，而使苦難解除。」

　　其實不同的時代、不同的環境、不同的世代、不同的
政權、不同的族群、不同的個人，都各自有其因果；我們的
價值判斷，我們所追尋的「真相」，充滿著縫隙，這些縫隙
也是一切悲劇的根源。這一篇序寫得這麼長，不是要和天鐸
抬槓，只是想從我理解的「大背景」補充一些觀看江南案的
視角。做為一個外行人，我只能盡其所能，真誠地表達內心
的想法。誤解和不周延的地方，只能請大家見諒。我固執的
大表哥，非常反對我寫這類涉及情治事務的文章。我說這可
以留下歷史紀錄，以供後人參考啊。他說：「我們選擇這條
路，就是打定主意要做無名英雄，真相對我們不重要。」問
他有沒有遺憾？「有什麼遺憾？我很多同志第一次出任務便
被打死了。我沒有什麼本事，只是幸運，才能活到現在」。
托爾斯泰有一句名言：「了解一切，就會原諒一切。」我想
這才是真正的擔當！

2024/7/31

＊　**孫大川**：paelabang danapan 卑南族人，1953 年出生於台東。台大中文系畢業、輔大哲學研究所碩士、比利時魯汶大學漢學碩士。曾任監察院副院長、原住民族委員會主委、總統府國策顧問、總統府資政等。現任東華大學榮譽教授、政大及台大台文所兼任副教授。長期關注原住民文化，創辦「山海文化雜誌社」。著有《久久酒一次》、《山海世界：台灣原住民心靈世界的摹寫》、《夾縫中的族群建構：台灣原住民的語言、文化與政治》、《搭蘆灣手記》等。

| 序文三 |

大時代浪潮下的一張圖像

趙怡

　　一年多前，曾聽好友李天鐸提起他正在撰寫《江南命案拼圖》一書，並準備在這件曾經震動海外華人社會的驚悚謀殺案發生 40 年後正式出版，當下直覺是一項不可能的任務！一來是時日久遠，當事人多已不在人世或年邁體衰，垂垂老矣；二來是事件同時涉及公部門與幫派人士，關鍵證據都經過隱蔽、淹沒或毀損而散佚大半，既然作者手中無「圖」，又將如何「拼」出原貌？不料今年六月間，居然接到天鐸喜不自勝的電話：「江南案新書即將出版，幫忙寫篇序文！」意外之餘，心裡嘀咕著：也只有這老兄的幹勁兒才能把不可能化為可能！

　　1984 年 10 月 15 日上午，旅美作家劉宜良（筆名江南）在舊金山自宅慘遭槍殺，由於其生前所著《蔣經國傳》正在

洛杉磯華文報紙《加州論壇報》連載且甚受矚目，命案發生後不但引起諸多陰謀論，也連累甫於北美創刊兩年的中國時報因率先指出行兇者動機，而被當局迫令關報。嗣後當案情確與台北情治高層及竹聯幫眾牽連的始末浮出水面後，對於仍然處在風雨未歇的國民黨政權而言則產生一連串的負面效應，正如書中主人翁之一的汪希苓將軍所言：「這就是中華民國的國運！」

1980 年，我在美國從事海外工作滿三年，獲得中山獎學金準備重返校園，進入南加州大學攻讀博士學位。適時，台北中國時報余紀忠董事長正在籌辦美洲中國時報，亟需熟悉在地社區的人手，乃透過家中長輩面囑我暫時打消進修計畫，俾就近協助創報事宜，並於 1982 年出刊後擔任報社總經理職務。雖然在江南命案發生前一年，我終究辭職回校做了「老學生」，但對事發前後相關的人事物並非陌生，尤其當年美洲中時戛然停刊的景況亦歷歷在目，如今思之，猶覺悵然於懷，感觸萬端。尤其，日前有幸先睹作者的手稿，進一步深入案件的前因後果，更能體會到大時代浪潮下人世間的形形色色以及糾纏在國仇私怨、公理正義之中的人性面目。

本書作者李天鐸先生出身軍情系統卻每每在媒體上抨擊時政，針貶人物，表現出廓然大公、不為勢劫的風骨，殊為難得，而他在 17 年前竟突生奇想，矢志要查明江南事件真

相，替當年涉案的長官、好友平反鳴冤，也為那段隱晦不明
的史實伸張曲直，昭顯公道，環顧四週，怕也只有像他這樣
具有急公好義、重情渾厚性格的人物才能有以致之。當然，
天鐸兄隻身投入浩瀚史料之中，在蛛絲馬跡中旁徵博引，按
圖索驥，終能找出古早公案的結論來，實可謂粗中有細之大
者也。

　　走筆至此，驀然想起當年追隨余紀老辦報期間，曾在
大理街余府客間牆上見到某黨國要人引古人句贈聯一幅：
「三十學劍術 五十成文章 匹夫百世師 一言天下法」，究其

1982 年美洲中時創辦人余紀忠（中）與趙氏兄弟總經理趙怡（右）發
行主任趙健（左）。

原意應指余先生早年從軍，中年辦報輒能成就一家之言，而為舉國敬重之士人也。其時，我身為新聞界後生晚輩，見賢思齊，欽敬無已，今則願效前人德意，借花獻佛，為文武兼資的天鐸兄新書為賀，似亦允稱貼切也乎？

＊ **趙怡**：浙江杭州人，1950 年生於基隆，台大企管系畢業，美國南加大傳播學博士。長期從事傳播媒體經營管理工作。
曾任：傳訊、中天、環球電視台總經理，東森媒體集團副總裁。行政院新聞局長，國立政治大學副校長。
現任：國際佛光會中華總會總會長，永慶慈善事業基金會董事長，中華眷村文化發展總會理事長。

| 序文四 |

拂去歷史
的塵埃

王漢國

曾經喧騰一時、牽連
甚廣、備受爭議的「江南
案」，事發至今已有四十
年。

先睹為快，仔細拜讀李天鐸兄力撰的《江南案拼圖》一
書後，只能以百感交集、難以言宣，這八個字來形容此刻的
心情。

古云：「人生實難，大道多歧。」其意指，人活在世
上確實艱難不易，可有多少人真正明白生與死的真諦？而人
間事重重疊疊，難以究明，如不抓住問題本質，終必徒勞無
功、一無所獲。

十分難得的是，天鐸兄這麼多年來，雖飽經歲月洗鍊
和人生困頓，仍能一秉初心，發揮「上窮碧落下黃泉」的精
神，一步一腳印地，從諸多斷簡殘篇、蛛絲馬跡之中，不斷
追蹤探索，反思詰問，功不唐捐，終於完成了這部人物凸

顯、情節感人，內容較完整、脈絡較清晰的大著，誠屬其志可嘉，其情可感也。

我認為這是一本充滿「機趣」的書。機者，傳奇之精神；趣者，傳奇之風致。在作者生花妙筆、不落俗套的鋪陳下，高潮迭起，引人入勝。若以今視之，對任何一個執掌國家權柄者，或為國效命、不畏強梁的革命軍人，乃至出身入死、不計毀譽的情報人員來說，皆具有相當重要的警示意義。

《孫子兵法》於〈用間篇〉有云：「故明君賢將，所以動而勝人，成功出於眾者，先知也。先知者，不可取於鬼神，不可象於事，不可驗於度，必取於人，知敵之情者也。」這說明「用間」和「始計」兩者互為鼎助，關係密切。故勝兵先勝之道，首在知彼知己，出謀劃策，定奪行止，百戰而不殆。故「全勝」須以「用間」奠基，以「始計」謀定，事乃可成。

其次，執行「江南案」為國家情報單位的重要決策，隱秘而不容外人置喙，卻因礙於其單線領導，易滋各行其是，相互掣肘，而功敗垂成。此案，不但斲喪我國際形象，影響社會觀感，尤當美方派遣專人介入事件的調查後，處處顯現，我情報單位對「江南案」之主導權，幾已全然喪失。所謂「輕施者必好奪，善詒者必善驕」，其結局自不難想像。

「但令身許國，何必列王侯。」依常情衡度，當情報單

位交付竹聯幫陳啟禮、董桂森等人負責執行「江南案」時，彼此之間必有相當程度的信任與合作默契。但何以要打破此一「默契」？又為何於案發後做出一些令人不解之舉措？孰令致之？孰使為之？天鐸在本書中，語多保留，諒必有難言之隱吧！

　　前事不忘，後事之師。從「江南案」中，吾人應更加明白進退、利害、虛實、靜動、正奇之道，實攸關情報工作之成敗。所幸，本書除對「明君賢將，成功出於眾者，先知也。」作出了清晰的詮釋外，也對我情報人員涉身犯難、為國捐軀的捨我情懷，有相當貼切感人的描述；甚至對「人心惟危、惟精惟一」之道，更有著深入淺出、發人深省的解讀。相信，這正是本書的價值所在。

＊　**王漢國**：年輕從軍，喜文史好哲思，職場四十餘年，跨足文武兩界，曾任政戰學校副校長、佛光大學教授，現為黎明文化公司董事、智庫資深研究員、專欄作家。

| 序文五 |

往事並不如煙

鄒奕笙 Arthur

　　會認識天鐸伯伯是因為多年前準備去法國留學，父親提到一位前輩也曾留學歐洲，認識認識，或許出國前有什麼問題可以請教。當時我們在敦化南路一家飲茶餐廳吃飯，印象最深刻的是，天鐸伯伯只是笑笑的說：多看，多玩，多體驗！他跟我認識的許多長輩不同，個性爽朗直接，年紀雖然差幾代，但聊起來意外投緣。

　　第一次聽到江南案是國中歷史課本。當時對這個案子的想像沒有多少，知道爭議性很大，但跟大部分政治冷感的年輕人一樣，第一印象覺得就是過去黨政時代另一段黑暗的歷史罷了。

　　直到當兵時，因緣際會讀了汪希苓先生的《忠與過》，而對江南案有所改觀。除了極度精彩外，小時候父親曾外派美國，全家在洛杉磯住了幾年，汪先生的回憶錄喚起兒時記憶，尤其是在美生活華僑跟外派人員那股濃厚的熟悉感。後

來正式走上影視這條路，一直沒有忘記這件事，一直在考慮要如何把它改編成劇本。

完全沒有料到的是天鐸伯伯不但熟悉這個案子，甚至認識許多當事人。返國後，他邀請我一起拼「江南案拼圖」。我們花了十幾年，訪談了數十位直接以及間接相關的人物與角色。他想要知道他老友大牛到底怎麼了，我想了解我父母那代的中華民國曾經有多精彩。我把我們所發現的一切，改編成一個總長十集，橫跨中美台的諜報影集案：《劉大國民》。

這個名稱源自於經典美國電影《大國民》，從頭到尾用各種鮮明的角色去拼湊以及側描劉宜良的前前後後，最後呈現出極度迷人的八〇年代，充滿生命力的台灣。如果沒有天鐸伯伯的協助，這個案子不可能完成。我充滿感恩，感謝天鐸伯伯如此看重我能做得到，也感謝有這個機會可以了解這麼精彩的故事。

《江南案拼圖》是天鐸伯伯透過他敏銳的觀點、身歷其境的筆觸、長期培養的人脈以及深度的田調訪談，凝結成的結晶。從劉宜良的神秘背景，台灣情報單位與美中之間的諜報交鋒，每一章節都像是一個謎題，等待讀者去解開。讀者將會隨著故事的發展，感受到那股撲面而來的真實與震撼。

閱讀這本書，好像重新經歷過去 10 年，跟天鐸伯伯跑上跑下，東想西推的那段冒險。一開始會發現，整段事件太

多衝突以及疑點，但當把所有的故事跟角度拼湊起來的時候，江南事件會第一次以完全不同的面貌呈現在讀者面前。甚至會更進一步的意識到，這個案子絕對不是陳年往事，而是跟台灣的現狀息息相關。如果渴望了解一個時代的真相，這本《江南案拼圖》絕對不容錯過，用最全新的角度，讓您在驚險與感動中，重新認識台灣的過去與現在。

＊ **鄒奕笙 Arthur**：影視編劇、導演。台大外文系畢業，法國雷恩商學院行銷碩士。編導作品多元，包括《最佳利益》二三季（2022）、《接招吧製作人》（2024）、《你好我是接體員》（2025）。《逆天正道》獲得2015年文化部徵選優良電影劇本首獎。

| 序文六 |

一個很血性的人

唐湘龍

「江南」就是劉宜良。他被殺的時候，1984，美國。

台美已經斷交。中美關係正熱。蔣經國外抗北京、內抗黨外，壓力山大。

當時我唸大學。政治系。理論上，關注新聞。對大小事情，都會留意。不過，這件事，牽涉到美中台三邊關係。「雙面諜」已經很誇張，這個人，大概是個「三面諜」。寫了一本《蔣經國傳》。台大校門口的地下出版可以買得到。

因為很敏感，他被刺殺的時候，新聞不多。之後了解，內情複雜，各種傳聞，虛虛實實，難以查證。

董桂森、陳啓禮、汪希苓……這些名字都知道。但是故事，就是一個不斷被修改的劇本。到我進入媒體工作，許多新聞前輩都繪聲繪影，言之鑿鑿，但是，每個人的版本都不

一樣。不過，有一點大家看法是一樣的：這件事，是國運的轉捩點。

我是外省族群的邊緣人。永和唸書，周圍有一些同學混竹聯幫。對這些外省掛的幫派，有點認識。陳啟禮從牢裡出來，搞公司，賣消防器材，我還去辦公室拜訪他。看起來金盆洗手，言行謹慎，一問三不知。一個失敗的採訪。

他說要再請我吃飯。有一次我在吃滷肉飯的時候遇到他，他幫我付了錢。就算是請過我一頓飯。

很多人，我身邊的很多人，好像都跟這個案子沾上一點邊，都可以跟我說「其實真實的情況是……」，但其實，都是瞎子摸象。一直到李天鐸。

我認識他很久。他是我心目中「國民黨特務」的原型。沒有 007，也沒有陰陽怪氣。就是一種典型的眷村小孩，幹什麼都來勁，一個很血性的人。每件事，只要他登高一呼，就是滿滿一屋人。沒有什麼辦不成的事情。

對我來說，李天鐸在幹的事情都很奇怪。不過，我很信任他。他總是很認真，重要的訊息也很可靠。當他決定寫這個人言人殊的事件，我很期待。我相信這會是對案件、影響可以產生一錘定音效果的報告。

---

*　**唐湘龍**：資深媒體人、廣播節目主持人、政論節目政治評論者。現為飛碟電台、Yahoo TV《風向龍鳳配》主持人。

| 序文七 |

殷實的索引

林文義
（2023/8 加拿大露意湖——
攝影：曾郁雯。）

　　拼圖？李天鐸兄以：情報人專業，凜然的直筆勇於尋憶、求真40年前的史事。

　　作家之死，背後的真相如何？小說可以盡其撲朔迷離，傳記則必得信實虔誠；人云亦云、真假難分，死者含悲、生者蒼茫……這是塵世終致無言以對的奈何？

　　昔往史事一直沉鬱似謎，天鐸兄多少年來苦思求索，試圖撥雲見日，想見作為：情報人志業，一生許國的他，不忍輕忽長官、同事難能訴說的倍受曲折，決定完成這本書。

　　此書之殊異在於不偏頗生死兩方的政治、價值差距；作者下筆冷靜、耿介直指彼此謬誤、失節所造成的不幸。外剛強，內溫柔：正是天鐸兄真性情的本質，文字恆是悲憫情懷，此書處處可見其溫暖之心。

　　尤其珍貴、難得的兼及他從復興崗法文系畢業、蔣經國

先生的內衛隊長、國安局駐法代表,上校退伍多年,依然憂國愛鄉;書中深寫:情報局的人與事,神秘、隱影的實象讓讀者一目瞭然。

　　寫下文字,留存歷史。拼圖,如此壯闊,美麗與哀愁盡在書中!

＊ **林文義**:散文作家,曾任《自立晚報》副刊主編,著作 60 本書。獲獎:台灣文學金典獎、吳三連文藝獎。

| 自序 |

感謝　一段話

李天鐸

　　我做的辣椒醬是：貴州古法、失傳、無油釀製而成，卻通不過衛生單位要求：「高溫殺菌」，所以只好每年一次，自己做只送給好朋友。

　　「分享」是眷村人的特色。

　　喜歡李沃源送給我的字「初心」，在大屯山腳下，復興崗上，是孕育我們革命感情的政戰學校。

　　因為有「情」人間才溫暖，會有凝聚、同心協力、向前的力量，而且不計代價，即便環境、條件、現實，會改變許多事，珍惜、珍貴的是感恩和初心。

　　和湘如一起在外雙溪「築夢」，共同在我們的屋子裡，分享她面對「設計界」和我「社會大學」修來的學分、經驗。

　　陽台前：陽明山、七星山、大屯山脈、觀音山、紗帽山，一覽眾山小，做我們該做的事，最重要的「江南案拼圖」，就在這樣的思維中，一點一滴完成。

　　我尊敬情報、特勤圈中，每位無名英雄；從駕駛、勤工、理髮、廚師和工友，人人都重要，否則缺少一角，都成

不了事。

　　陪著大汪、小汪先生靜靜地走，和虎哥、小胡抽一支煙，我們一起放掉：過去 40 年被壓在心上的往事。

　　感謝寫序文的好朋友們，他們懂我的心，最後階段，CK 楊董提供他親身的經歷，丁渝洲局長更以他的睿智，為我把住方向，把喬振中拖下水，當總編輯，他是不二人選。

　　謝謝復興崗文教基金會，董事群的合作夥伴，胡為真先生、悅公、老甘、湘哥、志雄、明我、鑫泉、慧智、曉天、代川、富陽、漢中、繁華，重要的馬繼津學長還有宣明智兄嫂、昶有一家人，以及我服務超過 20 年，avex 音樂公司老闆宮崎伸滋先生，同事們：方松碧、玉蓮、謝禎法、布萊恩⋯⋯對我的支持，伙伴們相挺，一路到底，才會有今天的局面。

　　兄弟夥伴在一起；絕對不會背後插刀，出賣朋友、扯後腿，這是感慨，真的令人痛恨！

　　寫書過程中，有人說：江南有什麼好寫的？寫書幹什麼！

　　怎麼會有這麼無知的人？

　　這些人都記在心中，這是我平衡自己的方式。

　　向全國所有的「情報人」致敬，如果沒有這麼多的「無名英雄」？那有今天的國家！

10 月 3 日新書發表記者會

10 月 15 日江南案 40 年

「告別江南」……

「江南 再見」不是我們情報人錯誤！

這就是中華民國的國運！

天佑中華。

2024 年 7 月 29 日

目錄

·拼圖一·

安全局的劉金生（大牛），
返台前暴斃於巴西，為什麼？

拼圖一

安全局的劉金生（大牛），
返台前暴斃於巴西，
為什麼？

大牛突亡　五個大問號？

　　1987 年 8 月 11 日上午 10 點多，我從比利時回來的第二天，當時住在新店華中街，走過崇光女中去上菜市場，在調查局側門路口，被一個熟悉的聲音叫住：

　　天鐸，你回來啦？

　　回頭一看，是我們處裡業支組的老大姊李豫芳。

　　「是的，大姊，我昨晚回來的。」

　　我告訴你：「大牛死了！昨天巴西組的電報，大牛，劉金生死了！」

　　我的第一個反應，怎麼可能……？大牛這麼年輕！那麼壯！

　　怎麼會死的？腦裡一直反覆的問……怎麼可能？

　　大牛真的死了嗎？真不相信自己的聽覺……

　　「怎麼死的？」

　　豫芳大姊告訴我：

　　「昨天死的，巴西組來電報：死亡原因，急性肺病。」

　　什麼？什麼年代了？

　　肺炎怎麼會死人呢？

以上是我和李大姊，一連串 5 個大？號的街頭對話。

當時腦袋轟然一片，懵了！

猛然想起：

當時，在江南案發生後，董桂森潛逃輾轉到巴西被捕，大牛奉命每周去探視……啊！……？

立即回頭說：「大姊，明天回局上班，我來處理。」

安全局　海外處　鐵三角

　　1982 年 3 月，我最初被甄調到國家安全局第二處（海外處），那時候辦公室氣氛，真是保守到令人「窒息」的咋舌。

　　一起入伍、外文系俄文組，一直在一起的好友劉選生，比我晚一個月，從心戰處調來，在四處專案組。

　　時常、中午有一個半小時，用餐休息時間，選生來電：待會、停車場，他開車。中途買兩個便當，淡水海邊、礁石上、面對大海，吃完便當，來回路上，兩個人一句話都沒說，回到局裡、繼續上班，誰也解決不了，必須面對的老幹部，誰也無法幫忙，你必須處理的問題。

　　所幸汪敬煦局長的改革，進行很快，將近一年多，特別是海外處，外派、輪調、新血補充，局裡氣氛、同事之間，因為自強活動、處、室交流、運動、比賽、慶生會而活絡起來。

　　一年多時間，我們連續換了三個處長、三位科長，我也成為老參謀，兩位新科長都是海軍，張紹民從菲律賓回來，史煥偉從阿根廷調回，學西文的劉金生、學德文的吳學冉、學英文的馬瑞龍、學阿文的孫晴飛、第一位女生林珀瑜也是

學阿文，整個氣氛才開放起來，那是我們最快樂的一段時間；辦公時，緊張、嚴格，每件公文、三聯單管制，都有機密等級和時效性，一點都漏不得。

科裡管轄，歐、非、中東，各種語言人才濟濟，下午時間一到，音樂廣播響起，各種運動開放，局長鼓勵大家多運動。

我來局裡報到第一天下午，被召到籃球場，第四處的14期學長馬子堅，就把局本部處代表隊，籃球隊長的職務，交接給我。因為我原先是聯指部警衛隊的籃球隊長，長期以來，聯指部由侍衛室、警安組、警官隊、警衛隊，經過交叉循環賽後，優勝隊伍代表聯指部參加局慶比賽，因為體能、體型、速度優勢，長期保持冠軍寶座。

局本部籃球隊，以我們科裡孫晴飛、劉金生、我、號稱鐵三角，加上空官的徐剛，四處：馬子堅、羅金科、蔡得勝、徐振輝，劉俊賢，三處陶秀洪，組成一支堅強快速的球隊，在民國72年局慶比賽中，第一次擊敗：科研室、室聯隊、聯指部警衛隊，得到有史以來第一個冠軍獎杯。

當時我們科裡的鐵三角，不僅球風驃悍、喝酒凶猛、私下感情更是鐵！

本名劉金生的大牛，輔仁大學西班牙語系畢業，西語專長，考進調查局查核班，結訓後被推薦，進入國家安全局海外部門、第二處。

國安局第 28 屆（1983 年）局慶籃球大賽頒獎典禮。頒獎者：汪敬煦局長。受獎者：磐安隊長李天鐸，右 2 著軍裝者為丁振東隊長。

1983 年冠軍隊獲獎人員在石牌第二處門口合影，包處長、張秘書、劉金生均為「江南案拼圖」人物。前排左起：馬瑞龍、李天鐸、包炳光處長、張紹民秘書、蔡得勝（後升任局長）。後排左起：孫晴飛、劉金生（大牛）、侯水源、陶秀洪、劉俊賢、馬子堅。

　　兩年後，一個專為培訓特殊語言人才的「長春專案」實施，大牛被送到巴西首都普多利亞，學習葡萄牙語，同時間我赴比利時。如今情同手足的劉金生（大牛）從逮捕董桂森的巴西突傳噩耗，怎能不慟？怎能不疑？……

　　大牛的喪事是我一手處理的，他生前念念不忘的是，局長是否批准？他的返國述職報告，兩年的海外生活，誰不想念家裡的老父母？

　　哪裡曉得……？

　　局長批准他的公文，星期六下來，還被承辦人壓在辦公室，劉金生的死亡電報，卻搶先一步抵達台北。

　　星期六當天，在巴西，他覺得身體不舒服，緊急送醫院，途中就死了，醫生告知死因：急性肺炎。

　　第二天火化、結束。

32 歲因公殉職
死亡　撫卹金：60 萬

　　1987 年 8 月 12 日，回局上班第一天，科裡因為大牛的死，氣氛迷漫著低迷，沒人敢問原因、又說不出口。

　　接下來，大牛所有的後事，我主動向科長要求：我來辦！

　　一星期後，大牛妻子李芸青，處理掉巴西許許多多雜事，捧起骨灰罈、帶上二個女兒，懷裡的不到一歲，牽在手邊的才三歲，34 小時航程、轉三趟飛機、僅存的二箱家當、行李，千里迢迢回到台灣。

　　夜裡 11 點、下雨，我和蕭台福在桃園機場接人後，箱型車直奔宜蘭，把骨灰引領回羅東，父母親家，一個哥哥、妹妹，都在等著大牛回家。

　　他們住在羅東被服廠的小眷村，父親士官長、哥哥在羅東監獄當臨時獄警，大牛是他們家、村子裡，唯一、最有出息、指望的劉家老二。

　　即便簽准死亡原因「因公殉職」，因為是文職人員、

年資淺、職等低，所有撫卹金加起來，能給遺族的？勉強過
60萬，怎麼辦？三個無依無靠的家庭，唯一的寄望，全都破
碎。

　　我綜整所有情況據實簽報：

　　（1）葬禮前，向海外單位通電募款，委請各治喪單位：
以奠儀取代花籃，目標200萬元，募得款項，全數交給金生
父母，算是對老人家的交代，協助哥哥的獄警工作，轉成正
職、安家。
　　（2）金生的撫恤金60萬出頭，交由遺眷處理。
　　（3）適逢本處業務支援組，豫芳大姊退休，簽准由李
芸青來局工作，並輔導、協助取得正職任用資格。

　　芸青到今年將滿65歲，退休年齡，大牛逝世時，她才
25歲。
　　當年一個活潑、快樂、無憂無慮的女孩，高高興興陪同
老公在巴西，要回國前，遭此遽變，而且完全不知道，究竟
發生了什麼事情？
　　老公暴斃、客死異鄉，只有一個人、帶著兩個稚女，獨
走人生，疫情期間，女兒也先病逝，這到底是什麼人生？什
麼世界啊!!
　　這是我在安全局，經歷、記憶最深的一件事，大牛年

輕、熱忱、人緣好、工作努力到奮不顧身的地步,他和芸青的出身家庭,都是底層人,兩家全部希望,都寄託在大牛身上,他死的那年,才 32 歲。

是該啟動「江南案拼圖」了！

1984 年 1015 日，江南案發生在美國、舊金山。

1987 年 0810 日，劉金生死在巴西。

2007 年 1107 日，竹聯幫精神領袖：陳啟禮（鴨子）在台北、大直出殯後。

三件看似不搭嘎的事情，緊接著，在當時、未來 17 年中，相關的人、事，都陸陸續續，出現、發生在我周遭。

大牛之死，像個引子，他到底還有什麼想要回家，告訴我，卻又說不出口的秘密？冥冥中要我去完成的事情？

江南案改變了中華民國的命運，經國先生讓郝柏村整頓情報單位，從此情報機構完全走調、幾近崩盤，他們這些大老，粗糙地帶著單純、簡單兩個字，以有色的眼光，對情報人員、工作刀劈斧砍，完全沒有感覺，所帶來的傷害，完全不顧及：自己的作為影響到的是，多少年輕人的未來、家庭和國家啊！

江南案是全世界、情報界中最複雜的間諜案，連帶影響，包括全球華人的心理。

　　所有參與、接觸、接近、採訪、報導、聽說的人，都各有說詞，其實都是被切割的，這是情報工作的特點。

　　如今，江南案將滿 40 年。

　　參加一場鴨子葬禮，驅使我下了決心，做這件無法令人滿意的不可能任務，我形容：這是塊拼圖！

拼圖二

2024江南案將屆滿40年
啟動不可能的任務

仇殺？情殺？江南被殺！
新聞史上經典標題

1984 年 10 月 15 日上午 9 時，驚天大案爆發！

標題：**江南被殺　仇殺？　情殺？**

美洲中國時報隔天新聞的頭版頭條，驚悚！吸睛！了不
起！

那時候我在國安局、海外處工作，第一次看到標題可以
這麼下的，一輩子印象深刻的記憶。

一句話　裁撤
美國的「美洲中國時報」

　　這些年和周天瑞一起，才知道：這位當年 38 歲、最年輕、風光、才氣縱橫的總編輯，在當時要揭露這件獨家新聞時，必須面對的心裡煎熬。

　　因為：在美國，余紀忠老闆才來叮嚀過。

　　頭條新聞標題轟動，登出的隔天，天瑞離職、走人。

　　之後，在長達 10 多年時間，這件事是他和余老闆，兩人不相往來的疙瘩。

　　接下來，美洲中時全面裁撤、關門，因為當年國民黨中常會中一句話：

　　辦這種報紙，還當什麼中常委？

　　一天之內，美洲中時全面裁撤！

誰啟動了我　做江南案拼圖

　　一個標題、一句話、一個任務、一點點的陰差陽錯，江南案被產生了。今年即將屆滿 40 週年，過去，多少人在寫江南？

　　從最初：年輕、好奇、敢挑戰的新聞人、記者、幫派、江湖人、學者和偶爾、懂得、沾到邊的人說話。

　　10 年一炒，20 年後開始，有點深度的炒。

　　30 年左右，有點份量的回憶錄出現。

　　如今 40 週年已然到來，當事人汪希苓先生，已經高壽 96 歲，我們還有多少時間可以等？

CASE
04

汪希苓先生說：
這就是中華民國的國運

　　江南案發生時，我正要外派比利時，兩年後回國隔天，得知好友劉金生（大牛），因為肺病死在巴西的消息。

　　1986 年 6 月 10 日，劉金生死在巴西，為什麼？

　　因為江南案發的要角、當事人：董桂森（小董），始終沒有被逮捕到案！

　　小董回到台灣第一天，感覺不對，立刻斷聯潛逃菲律賓，狀況仍然不對，再逃到巴西，人生地不熟、語言又不通，被警方逮捕，關在首都普多利亞監獄。

　　（有過接觸的朋友告訴我：小董是最聰明、反應最快的人，竹聯幫總護法、鴨子最信任的人。）

　　大牛，劉金生，每週要去普多利亞監獄探監，探小董的監，為什麼？

　　探監完畢後，是否要給位在聖保羅市，巴西組部的陳組長寫報告？

　　他在執行任務嗎？

執行什麼任務？

結果：大牛死了！

到底：大牛的任務結束了嗎？

2007 年 10 月 7 日

竹聯幫精神領袖鴨子、陳啟禮出殯前一天，陳虎門、虎哥要小胡（姑隱其名）打電話說：明天我們三個人，一起前往陳啟禮的靈堂，捻香致意。

10 月 6 日當天，小胡電話結束，接著接到邀請參加，當天陳文茜主持的談話性節目。

討論主題：江南死因？

幾件事情、一些關鍵人、奇妙的出現在我生活步調中，啟動我來做這個拼圖，為什麼？五大理由：

江南案：改變中華民國命運。

江南案：全世界情報圈中，最複雜的三面諜案。

江南案：中華民國的情報工作，從此走下坡。

江南案：對海外華人僑社、心理，影響最深遠的案件。

江南案：徹底改變台灣幫派力量在社會中的生態。

結論：

汪希苓先生說：這就是中華民國的國運。

今（2024）年 7 月 12 日上午筆者（右）將「江南案拼圖」，第一份文本，送到 97 歲、汪希苓先生府上，告別時在客廳門口，合影留念。

筆者（立者）唯一和虎哥、小胡，一起合影的照片。左起坐者：李振球（筆者二弟）、小胡、陳虎門（虎哥）、吳怡昌局長夫婦（筆者母親救命恩人）。

拼圖三

劉宜良（江南）
大陸17年、台灣18年、
美國17年

　　一個人、一支筆，顛覆一個國家，驚動美、中、台情報
機構，驚擾、震撼所有海外華人社會，為什麼？

　　從劉宜良家庭、出身、說到他成長過程中的大背景。

　　生於抗日戰爭，甫以勝利結束，繼起國共鬥爭，在毫無
寧日的動盪、長大過程裡，亂世求存、如何逃避、活命，是
他鮮活、累積出來的生命記憶。

劉宜良生平、筆名：丁依、江南

劉宜良：江蘇靖江人

　　1932年12月7日生～1985 年 10 月 15 日 歿，時年 52 歲。

　　劉 家 在 靖 江，因 經商有成，有土地，屬於富裕家境，父親是當地「保安團」成員，由於國共鬥爭，劉宜良 9 歲時，目睹父親被槍殺景況。

　　劉宜良幼小以識字聞名，被冠神童之稱，聰明、好奇、好問、喜閱書籍、報紙，發表個人見解，是特別之處。

　　1973 年開始，以「丁依」為筆名，投稿香港《南北極》月刊，連載《蔣經國傳》，造成轟動。

　　之後改以「江南」為正式筆名。

《南北極》月刊雜誌，創辦人：王敬羲。時期：1971～1996 年。

兩度天子門生、蔣經國學生

1949 年 17 歲，憑著聰明、機智、反應，敢於發表有見解的評論，在隨軍撤台的船上，得到一位官長賞識，當場授予上尉軍銜。

1950 年來台整編，被降級中尉，加入由蔣經國先生擔任班主任，位於新竹、山崎的「國防部政治幹部訓練班」。畢業後、分發空軍，台北 406 通訊隊，後來調到新竹工兵總隊。

1953 年考上蔣經國先生創辦的政工幹校二期、新聞系，當時受訓一年半。

1954 年 1 月 6 日，畢業典禮前，自認個性不適合在軍中發展，藉故和分隊長衝突，執意離開，被王永樹校長下令「開除」。

由於兩度在蔣經國創辦的單位就讀、求學，這是劉宜良去到美國後，以自詡「天子門生 蔣經國學生」在海外寫《蔣經國傳》，之所以造成轟動，最大的賣點、原因。

因為在那個年代，我們簽呈公文，不能直呼名諱，只要寫到「蔣」，前面至少要空一格，以示尊崇。

誰敢自誇是：「天子門生」啊！

1955～1967年，
劉宜良的美國夢！

　　1955～1967年，60年代台灣處境，風雨飄搖、人心惶惶，一切都在管控中，「美國」是當時台灣人藏在心底、遙不可及的夢。

　　台大人一句最貼切的話：來！來！來！來台大。去！去！去！去美國。

　　多少達官貴人，想盡辦法要把子女送去美國，沒辦法的就跳船、跳機；還包括下野的台灣省主席吳國楨。

　　劉宜良：從1955～1967年，一個被政工幹校「開除」的中尉「逃官」，他心目中唯一可以「翻身」的美麗新世界「美國夢」USA。

　　劉宜良23～35歲青壯年間，工作、求學、結婚、生子女、離婚，想盡辦法，他用了12年，他怎麼做到的？

　　（1）1954年，他透過《自由中國》編輯傅正和軍法官宋運蘭關係，讓他從「逃官」變成「自首」，判兩年半緩刑，

並如願「開除軍籍」，得到平民身分證。

（2）1955 年，恢復平民身分的劉宜良，透過蕭銅幫忙，在《華報》副刊，得到一份賴以維生的編輯工作。

藉此跳板進到「台灣製片廠」，擔任宣傳工作，同時追求年輕漂亮的會計助理劉敏，到論婚嫁地步。

劉敏的父母反對這樁婚事，因為有家訓：江南七省，劉家是同一祖先，論婚嫁恐因近親、血緣、遺傳，對下一代會有不良影響。

拗不過這對年輕人，後來長子劉家穰出生後，果然應驗，次女懷胎過程中，有同樣問題，夫妻為此經常吵架，同時劉宜良又結識崔蓉芝，在次女還沒出生前，於 1959 年，結束這段婚姻。

（3）1955 年劉宜良考進師範大學夜間部英語系，卻因為半工半讀、婚姻、工作關係，始終斷斷續續未能完成學業，學歷上是師大肄業。俟 1967 年赴美前，與崔蓉芝結婚後赴美。當時以《台灣日報》駐美特派員名義（不支薪、沒有工作費，為赴美交換條件）。

（4）1968 年劉宜良申請，進入華盛頓美利堅大學，以

研究蔣家政權、蔣經國，爲碩士論文，1980 年 7 月取得政治學碩士學位，這是他生平唯一的學歷、畢業證書。

（5）劉宜良生命中的恩人、恩師、貴人：夏曉華。

1956 年透過台灣電影製片廠長龍芳介紹，劉宜良認識正聲廣播公司總經理夏曉華。劉進入正聲，負責影劇新聞並主持一個「360 行」訪談、錄音、廣播節目，每天騎著當時罕見的摩托車，背著錄音機，訪遍大街小巷、各行各業。由於夏曉華的賞識、惜才，以及夏曉華自身深厚的背景，他成爲劉宜良生命中的恩師與貴人。

（6）1965 年夏曉華創立《台灣日報》，劉宜良憑著深厚的採訪基礎，成爲報社台柱，然而他始終沒有放棄出國、當美國人的念頭。爲了測試自己，當年的「逃官」紀錄，是否影響到出國？他首開先例，申請到香港採訪新聞。順利完成採訪、報導後，又再申請到馬尼拉（菲律賓）、西貢（越南）採訪，並將內容集結出版《東南亞記行》。

（7）1967 年劉宜良以赴美深造爲理由，在沒有薪水、稿費、創辦費條件下，鼓動夏曉華同意，用「台灣日報駐美特派員」頭銜，向新聞局申請；派員赴美，得到同意，並由夏曉華陪同，赴美拓展工作。

（8）作為另類必有因。

劉宜良窮盡 12 年時間，努力、想方設法，離開台灣追逐美國夢，由其自傳中實舉兩例，可見心機城府。

1965 年劉宜良第一次，以報社名義，申請赴香港採訪，最重要的目的是：看看當年「逃官」事件後，雖經司法判決緩刑，解除軍人身分，到底自己有沒有被列為「管制出境」黑名單？

第一次順利完成出訪任務，所撰「香江實錄」，普受好評後，翌年立即再次申請赴菲律賓、越南採訪，更將訪問新聞報導，集結成冊《東南亞記行》出版後，劉宜良確定自己可以申請出國，遂積極、不計任何條件，說服、誘同社長夏曉華，一起赴美，拓展美國工作。

一個目標，窮盡手段，去美國！
關鍵貴人夏曉華

1949 ～ 1955 年間國安大事頻仍：

（1）1949 年舟山撤退、大陳島失守，10 月 25 日，發生金門、古寧頭戰役，12 月中華民國政府在台北成立。

（2）1950 年 6 月 25 日，韓戰爆發，1953 年戰爭結束。同年爆發國防部參謀次長吳石中將匪諜案。

（3）1951 年 2 月簽署《中美共同協防條約》，5 月 1 日美軍顧問團進駐。

（4）1954 年 823 砲戰爆發。

（5）1955 年 1 月 8 日，一江山戰役。

劉宜良竟在學成之際，堅決不計後果、寧可被開除，也不肯留在軍中，和大家一起從事反共、救國、報效國家的革命大業。

如果我們想像，在那樣處境中，敢於做出這樣決定的人，需要何等對自己、對環境、對前途、對局勢，透徹了解

蔣經國（中）、王永樹、王昇（右），
背景是復興崗校區內，「我們的家」
是由二期同學捐獻。經費來源：二期
同學參與韓戰後來台人員，清考工作
獎金。

劉宜良處身在中華民國最動盪時代，
兩度投身為經國先生嫡系子弟兵，特
別是政工幹校創建初始，二期三期同
學分別參加一江山戰役，並且犧牲不
少同學，韓戰 1 萬 4000 人反共義士
來台的清查、考核，艱鉅任務。

二期同學搭艦赴金門實習，部分同學隨後參加東山島戰役。

1953 年 7 月 16 日政工幹校二期同學，參加東山島戰役照片。

的眼光和勇氣？

　　至於出國，根據當時統計數據顯示；1960 ～ 1961 年間，每年獲准出國留學人數，僅僅 500 人。

　　從以上實際背景，檢視劉宜良：1949 年 17 歲來台，1950 ～ 1967 年 18 年在台期間的作為，不能不說他的聰明絕頂，更關鍵的恩人、貴人是夏曉華。

　　夏曉華一生經歷，才是劉宜良這個人，兩岸隱蔽戰線、情報、諜戰，幕後提著燈籠，照亮前途的那個老師傅。

拼圖四

夏曉華　情報比對：
軍統、廣播、報紙

陽明山，那樣的地段，誰能夠住？

　　從前，管理陽明山的單位叫做「陽明山管理局」，全台灣唯一最神秘的特權區，除了原居戶外，不是一般有錢、有權，就「敢」住得進來的，還要看地段。

　　上陽明山唯一的路，叫做仰德大道，過去精華路段集中在，以山腳下派出所為中心，下山、過橋、向前，左邊「士林官邸」，兩者之間住著郝柏村。

　　派出所往上800公尺，國家安全局，中間住著夏曉華，另外一棟，李登輝時代，超級、特權、蓋的、住著《自由時報》老闆林榮三。

　　派出所下山，右轉、右邊拐進去，就是情報局。

　　因為要拼圖江南案，怎麼能夠不去瞭解：這位廣播、新聞、媒體界，最神秘的祖師爺？

　　傳說中，劉宜良生命中的貴人「夏曉華」，為什麼那麼力挺劉宜良？夏曉華和情報局，到底是怎麼樣的關係？

　　我們幾乎完全無法找到證據性的資料，唯一擺明的是，正聲廣播電台財產權，屬於情報局，一個不公開，大家都知道的秘密──「正聲廣播電台」是情報局的外圍單位。

這樣的人、事、淵源、鬥爭，一直存在屏幕後方，從天到地，廣播、電訊、密碼、交通、情報，到現在的駭客、網軍、滲透、派遣，「情報鬥爭」從未熄火。從兩岸到國際，這是極少數人才知道，真正隱蔽戰線，國家賴以生存的耳目「情報」在天上、在空中、在人間。

怎麼可能用法，來治理關乎國家存亡的情報工作呢？

（謹註：最後兩句話是最近，針對民進黨派檢察官，擔任調查局長、國安局副局長，有感而發之言。）

夏曉華其人其事，生平一波三折

1919年生於浙江孝豐；2003年3月5日逝世，享年84歲。

兒子：夏鑄九、夏禹九

女兒：夏林清、女婿：鄭村棋

從軍統、電訊到廣播電台、辦報。

（1）1937年夏曉華考上「軍事委員會特種通訊工作訓練班」，全班錄取27人，班主任：戴笠。

（2）1938年派廣東惠州，擔任主任報務員。

（3）1941年奉調重慶、軍統局四處考核科。1942年奉命赴西安，建立12個秘密通訊台。由於表現優異，三年內從科員、股長升至科長，負責電訊人員訓練、派遣、考核工作。

（4）1945年日本投降，二戰結束。

同年：陪同戴笠、魏大銘專機，經漢口、飛北平、慰問遺族。當年返重慶浮圖關，接受「中央訓練團黨政班」第31期受訓。

（5）8 年抗戰期間，夏曉華在正常工作之外，每日將「大公報」，擷取內容，加上對單位內領導、風氣，以漫畫、文章、諷刺、批評，編輯、油印一張紙，取名「小公報」；利用軍統局「交通」，派送西北、西南各支台，廣受好評。

（6）1946 年 3 月 17 日，戴笠乘專機返途中，在南京西郊岱山失事，飛機撞山身亡。

謹註：戴笠失事身亡，是國共兩黨此消彼長，最大分水嶺。國民黨方面，所有情報、人、事系統癱瘓，唯一能夠運作，是由魏大銘等領導的通信、電訊、截收、密碼系統。但因為少了目標、情報、內容、分析、研判，下達指令，而效果頓減，殊令人扼腕痛惜。

（7）1947 年「中央警官學校」警政班，招考現職軍人，夏曉華脫離軍職，加入「特警班」行列。

（8）1947 年、國共內戰膠著，各方對「資訊」需求若渴。

夏曉華與張洛民合作，創辦「中國新聞資料供應社」，他們訂購國內、香港，所有各黨、派的報紙，將內容依綱目印成 2000 多條，分門別類做成目錄，向各行各業徵求訂戶，結果大受歡迎。

因為夾在國民黨中央社、共產黨新華社之間，他們獨樹

一幟，創造自己生存價值。中新社來到台北後，成為徵信新聞社，也就是《中國時報》的前身。

（9）1948 年，以報紙蒐集的資訊當內容，供應各廣播電台。

（9-1）夏曉華和段維綱籌建北京「前門」廣播電台。

（9-2）在漢口與張聲麟、孫重華、嚴行威共同籌建，漢口「正聲」廣播電台。

當時夏曉華還想把新聞事業，拓展到東北、新疆等地。惜因局勢變化太大、太快，未能如願。

（10）1948 年底，保密局代理局長毛人鳳，派夏曉華接任「交通警察局無線電台台長」同時奉命將電台，從南京疏散到湖南衡陽，再遷往廣州。

（11）1949 年 2 月魏大銘、毛人鳳先後約見夏曉華，要他把重要人員和設備，遷往台灣，毛人鳳特別提到：廣播、心戰的影響和作用。這些談話，讓夏曉華決定，前往台灣，開展廣播、新聞生涯。

位於台北芝山岩、情報局內之戴笠
紀念館。

戴笠先生於重慶、造石場、鍾家山留影。

夏曉華來到台灣，開辦電台與報社

　　來到台灣後，1950 年 4 月 1 日，同時創辦：正聲廣播電台、正義之聲廣播電台。

　　正聲電台執照，沿用漢口正聲電台執照，經行政院長閻錫山批准；以公開、商業、民營模式運營；地點設置在士林芝山岩。

　　創辦正聲廣播電台真正的任務，是要掩護一個專門對大陸從事電訊、交通、情報、諜報、心戰任務的廣播電台：「正義之聲廣播電台」。

　　保密局分別為兩台，提供裝備。

　　正聲電台（夏任總經理）T-4 400 瓦中波發射機。正義之聲電台（夏任台長）TDH 3000 瓦短波發射機。

正聲廣播電台、公司、《台灣日報》，均係夏曉華先生一手創辦、主導、發展，觀念新穎、引領風潮、眼光獨具，惜不見容於當局。

　　經費：除少數軍職人員有薪水外，其他任用人員，均依商業模式，由正聲電台吸收並自負盈虧。

　　1952 年，夏曉華將正聲電台遷址到：台北市長安西路。以任務導向，避免相互影響，切開兩台之間曖昧關係，此一轉變，讓正聲電台迅速賺錢，不僅能夠支應「正義台」所有支出，還清償積欠債務，更籌到一筆錢，在芝山岩為正義台，蓋出不再漏水，可以工作、住宿的平房。

　　1954 年正聲廣播電台，引進民間資金，正式改組為「正聲廣播公司」，全省擁有 8 個分台，成為規模最大的民營廣播公司。夏曉華靈活的創意，有商業嗅覺的經營頭腦，用在廣播、新聞、節目方面，發展的淋漓盡致，夏曉華認為「廣播與出版是大眾傳播的重要工具，兩者可以相輔相成」。

　　1964 年 10 月 25 日，由夏曉華創辦的《台灣日報》在台中大里，創刊發行。當時，夏邀請台灣省農會，參與辦報，讓各地農會成為推廣報紙的基本據點，加上活動精彩，兩相得益，迅速打開知名度，當時所辦理轟動活動如下：

• 1965 年國產台語影片展、頒獎及影星大會、票選 10 大導演、男女明星、大童星。

• 1968 年紅葉少棒隊擊敗日本，《台灣日報》立即邀請紅葉隊，巡迴全國，並結合知名影、歌星，在台北、台中、高雄，開演唱會。這種複合式，創意、行銷、宣傳、活動報導的手法，加上各地農會協助，迅速使《台灣日報》報紙發行量，達到 3 萬份訂戶。

劉宜良攀附夏曉華，
人生拐點到終點

　　1972 年夏曉華退出《台灣時報》；1974 年《台灣日報》轉手。

　　在他鼎盛時期，悄悄退下，消聲匿跡 !?

　　據說：最重要的原因；那個年代，夏曉華已經看到「電視」興起和影響力，正聲廣播電台培養了幾乎所有當紅的影、歌星，包括兒童台的張小燕。

　　但是當這個消息傳到當局的反應是：做廣播、辦報紙不夠？還想搞電視 !? 夏曉華太過份了！

　　他的結局是：正聲廣播公司，立下單據，把陽明山這棟「有使用執照的違章建築」（僅有一半產權），給了夏曉華，解除所有工作，急速冷凍，沒有被關、法辦，保留住所，算是交代吧 !?

　　新聞、媒體是喉舌，抑或是凶器？

　　在我們所有經歷中，放眼所謂西方民主，先進國家：英、美、德、法、義等國，誰不把「新聞自由度」，掛在嘴

邊，當成衡量民主的放大鏡？

　　事實上隱藏在背後，都是：情報、消息、國家、權勢運作需求，稍有不慎、逞一時之快的後果？小則殺身、滅口之禍，大到黨派征伐，絕對赤裸無情，過去、未來，比比皆是。比較文明的說法是：多少邪惡事情，是假自由之名做出來的！

　　世界上最有名的國家是以色列，因為猶太人受盡亡國、流亡苦，他們唯一的要求是「生存活著」。

　　夏曉華有幸，在大時代環境中，投入情報領域最冷、最重要的「電訊情報」。

　　他的才華、創意、思想，怎麼能忍受，千篇一律、呆板、規則、紀律、束縛的工作呢？

　　但是為了抗日戰爭，為了國家前途，放棄小我，當時十萬青年十萬軍，多麼澎湃！多麼熱血的希望啊！

　　仔細檢視夏曉華所主導的廣播電台，節目、名稱、內容、活動、主持人，包括報紙規劃營運，都是接連社會底層老百姓，為那艱困時局，辛苦生活中，帶來歡樂、希望，能夠舒一口氣的笑容。他把正聲廣播公司、《台灣日報》經營的風生水起，當然和當權者、有心人的目標、利益，有所衝突，何況他的背景是那個年代！

　　如果當權者懂得，善用情資，因勢利導，讓本土文化融合在國家政策基礎中，而非處處以政治立場考量，應會是另

一番景況。當然 1975 年，蔣中正總統逝世，是個關鍵，但是連續在 1972、1974 年讓夏曉華交出兩份報紙的主導權，如果是因為他「情報單位」的背景？實在是令人扼腕嘆息！

把夏曉華的經歷、背景，比對劉宜良，是他對一個有才氣，遭遇坎坷卻不放棄自己目標、理想，年輕人的一份寬容與栽培，順著夏曉華背後的延長線，為劉宜良接上情報局的秘密、單線、支津關係，是兩相得益的安排。

這是後來，我在多次場合，談到劉宜良時，常聽的一句話：他只聽夏曉華的！

只是、劉宜良自以為到了天堂，可以為所欲為？

隨著 1979 年中國大陸和美國正式建立外交關係，劉宜良以熟門熟路、英語好、筆尖口利的優勢，又是特派員、記者身分，成為兩岸競逐、拉攏對象，因此更成為美國情報單位，掌握僑社訊息，瞭解兩岸關係發展，重要的線民，也為自己舖下死亡之路。

拼圖五

傳奇方翔、四海劉偉民、
情報頭子葉選寧

知名華人大導演李翰祥的
女婿方翔，點名找我？

　　2013 年 2 月，在立法院耀德兄的春酒宴上，桂哥帶來一句話：海南島有位台商名人，是李翰祥導演的女婿，名叫方翔，他希望邀請你到海南見面，食宿和來回機票由他負擔，希望你能帶一位媒體記者朋友同行？

　　我想到的是時報週刊好友林朝鑫，加上桂哥，我們於 3月 21 ～ 23 日，有一趟初次海南島行程。

　　當時我滿納悶，為什麼找我？所有可以瞭解唯一訊息：他是在北投、婦聯三村長大，而我小學五年級前都就讀北投國小。

為什麼我稱之為「傳奇方翔」？

（1）3月21日傍晚抵達後，晚上十點我們兩人在他家，聊到凌晨三點，開車出去吃了宵夜，才回旅館休息。

（2）方翔長期在海南島經營房地產、台商會，為人豪爽，家裡滿是新的 Polo 衫、名牌皮帶、鞋襪褲子，只要朋友來，任你挑、隨便送，不拿都不行。

（3）方翔邀請我來，最大的目的是心中兩件大事，六四民運和江南案中，他所經歷的經驗和角色，沒人懂得。

因為過去 14 年時間中，媒體、新聞、電視，陸續有人在談，除了我說的，比較實際體驗、具體外，其他人的說法，好像都沒能談到核心，以及他所知道的問題，憋在心裡那麼久，完全找不到一個可以對話的人，心裡實在不是滋味，難過啊！

（4）至於方翔的婚姻，拍攝電影《雍正與年羹堯》、《大漠紫禁令》，和羅烈合作、賺錢，和太子黨的往來趣事，的確是外界無法想像的機緣，那是後來，每次回台灣，我們見

面所談到的，我會略擇一、二來分享，請大家當成傳奇故事，聽聽就好，因爲無從查考。

趙二軍（左2）為趙紫陽二公子，代表趙家對外活躍，依序為程凱音、筆者、名畫家陳朝寶夫婦（前妻趙曼）。1990年11月11日攝於巴黎。

　　方翔因為追隨岳父李翰祥，在北京拍戲，和趙紫陽家人、兄弟，以及其他官二代特別熟悉，他告訴我許多有趣的小故事：

　　（4-1）趙紫陽總理，每天晚上睡覺前，都要放錄音帶，

聽鄧麗君歌曲，才能放鬆睡著。這些帶子都是他回台灣後帶過去，拷貝分送各家的。

（4-2）他第一次把台灣生產的「滿漢全席牛肉麵」，帶到北京，趙大軍（趙紫陽的長子）說好吃的不得了，連續吃到第兩碗時，漲到吐了，還想要吃！

（4-3）他最感謝的人，是趙家老四，當時他關係好，興致勃勃想要加入共產黨，因為除了趙家，還有胡耀邦的兒子，都可以當他的入黨介紹人，趙四軍卻和他說了一句，一輩子讓他記得的話：「當共產黨的朋友比加入共產黨好」！

14 年後「情報對照」，
只有我倆知道！

為什麼，民運人士會從海南島逃離？

我和方翔第一時間交手，談到兩個外界不熟悉的人，是八九民運、趙紫陽辦公室主任陳一諮、香港的張大衛，是從海南逃出，經過東南亞抵達法國巴黎？

因為老陳出現，還有曉農、小平、家其，都成為我們共同的話題，比較特別的是老張（大衛）的身分，年齡比我略長，1949 年由周恩來從清華大學欽點，赴港從商，斯文、反應銳利，中、英、粵語流利，寫的一手好字，我們結識在巴黎，老張那段從海南到菲律賓，輾轉來到巴黎，在近郊買房落戶的特殊背景，當年那麼曲折、秘密的事情，當下就直接拉近我們彼此，可以相信的距離。

CASE 04

真正重點人物是：
四海幫的劉偉民和葉選寧

1960 ～ 1980 年代，台灣最大的幫派是四海幫，特別是偉民、大寶和蔡冠倫，多半權貴子弟拜在門下。

1967 年劉偉民因為四海幫勢力太大，社會新聞鬧得沸沸揚揚，只有選擇唸軍校避風頭的路。

偉民進了海軍官校，算是 60 年班，星期天穿著白色軍便服放假外出，去到高雄旗津碼頭「花悅冰果室」，和正唸陸官 40 期的太子蔣孝勇，在二樓相遇。

一個是江湖上赫赫有名的四海幫老大。

一個是身家顯赫，軍、警、情治界，無人不曉的太子孝勇。年少氣盛、海官陸官，都有跟班，雙方較勁、爭風吃醋，混亂中，太子捱了一巴掌。

回到學校，偉民自知：這個禍闖大了，只得跑路。先是在菲律賓，還堵上小董（董桂森），轉赴香港，透過方翔認識大陸軍方，在香港實際負責對台情報工作，葉劍英的兒子葉選寧，他是所有大陸太子黨的精神領袖。

葉選寧：「Bingo！他殺了我們最重要的情報員」！

1984 年 10 月 15 日，方翔、葉選寧、劉偉民，在座還有鐵板神算和卜卦大師、友人，共同討論偉民要去日本，向楊雙伍報仇，該不該去的問題？

算命大師和卜卦老師，都算出不能去的「死劫」準死、一定死的卦，同時那年偉民 49 歲，流年不利，為此偉民換把槍，堅持前往，結果在掏槍剎那，當場卡彈，反被楊雙伍的保鑣亂槍打死。

劉偉民最重要的部分，是他雖然離開台灣，卻有一個極為關鍵的消息管道，在劉宜良被殺的第一時間，也就是上述人等，一起聚餐時，接到電話，當劉偉民向葉選寧公開此一消息時，葉選寧的反應是：「Bingo！他殺了我們最重要的情報員」！而向美國施壓，要求引渡汪希苓、胡儀敏、陳虎門到美國受審，要求美國 CIA、FBI 介入到台灣調查，都是葉選寧當時在桌面上的說法。

大陸對台情報負責人葉選寧，
首次親口證實劉宜良三面諜身分

　　接受情報局，支領每月 1000 美元工作津貼，是很高、很特別的報酬。劉宜良在中華民國、情報局是正式立案的支津關係。

中共對台情報總負責人與美方情報單位關係密切江南案發生後，所有美方情報作為，均照葉選寧（如圖）要求辦理。逝世時，習近平主席率領所有重要幹部親自悼念。

　　劉宜良被美國 FBI 包括警方，列為重要線民，業在死亡調查、報告中多次顯示。至於為中國大陸擔任蒐集情報工作，在當時我方只知道，他和大陸駐舊金山總領事館，負責僑務工作的唐樹備先生，交往密切，至於實際證據？是很難求得證據加以證實的。

　　只是誰曉得？在 30 年後，拐了這麼大一個彎，從海南島才聽到，當年人在現場，親口由對台情報負責人葉選寧說出的話！

　　直接證實劉宜良三面諜的身分，讓我在這篇文章中揭露，只能究諸為冥冥中的安排吧！

情報圈內，筆者補註

葉選寧：1938 年 10 月生～ 2016 年 7 月 10 日歿。

享年：79 歲，廣東梅縣人。

中共元老葉劍英次子，代表葉劍英對黨內、外聯絡。

一直負責解放軍對台情報工作。

（1）葉選寧喪禮上，中共三代領導人、紅二代，包括習近平母親、弟弟的花圈，全都到齊。

據聞：葉選寧生前有小筆記一本，直接送給習近平主席。

（2）「走私管道」是情報偏門，一條重要的消息來源。

90 年代，國際盜版、音樂、黑膠唱片、CD 流行時，筆者一位好友，從此行業，從此人口中，深深知曉葉家老二的權力和影響力。

（3）江南案發生當晚，香港餐宴上葉選寧的一段話：

（3-1）證實劉宜良是大陸最重要的情報員。

（3-2）要求將汪希苓等人，引渡到美國審判。

（3-3）由美國 CIA、FBI 派員來台灣，參與司法調查工作。

以上三句話，最特別的是：

那才是 1985 年，中國大陸解放軍對台情報頭子，和美國情報機構，關係之密切，竟然好到可以一字不漏、直接指揮的地步！為什麼？

因為葉選寧脫口說出的三句話，全部都在我們「江南案」處理過程中「兌現」，這才彰顯「情報角色」，在國家隱蔽戰線上，中國大陸情報工作，強過我們太多！原因呢？自己去想。

拼圖六

劉宜良寫《蔣經國傳》的
導火線
不是「丁依」是「江南」

拼圖江南案，最難解讀的劉宜良

劉宜良半身照片（情報單位檔案資料）。

　　時間、年齡、過程。地點：中國、台灣、美國。

　　從這樣的拼圖著手、開始，而不是單獨一點、一個動機、一件事而已。

　　真正大背景？是變化中的時代。

　　（1）1932 ～ 1949 年，1 ～ 17 歲的劉宜良、17 年在大陸，9 歲時父親因爲是保安團幹部，被共產黨當面槍殺，之

後為了吃飽肚子，跟隨軍隊到來台灣，都在顛沛流離、命運未卜、隨波逐流的戰亂中。

（2）1949～1968年，17～35歲、18年在台灣，人生大起伏，想要掌握、改變自己命運？

只有美國，心目中的天堂，下定決心：去美國。

（3）1968～1985年，35～52歲、17年在美國，地上、人間、天上，生命結束。

劉宜良的人生，也是許許多多這一代中國人，命運當中都曾經有過類似的遭遇。

17 ～ 35 歲，
劉宜良在台灣所處的環境？

　　中華民國隨著蔣介石政府軍，從大陸敗到台灣，可以
說是驚魂未定、前途渺茫，國家如何生存？舟山、大陳島撤
退，古寧頭戰役、韓戰爆發、823 砲戰，一波接一波，那是
個飄搖、動盪、不安和人心惶惶的年代。

　　1951 ～ 1968 年間，靠著《中美共同協防條約》簽訂，
總算有了喘息、安心的保障，也因為有美援，隨之而來的
ICRT、美新處、音樂、貓王，各種美國文化影響，烙在求知
若渴的人心中。從另外一方面看，劉宜良所處生活環境，還
是繃緊緊的，反攻大陸、保密防諜、檢舉匪諜的標語，隨處
可見，克難運動、臥薪嘗膽、田單復國、毋忘在莒運動，一
個接一個。

　　劉宜良在台灣 18 年間，一個人無依無靠、掙生存、找
出路、靠自己，卻是個最不甘心、掙扎、無奈的年代。

CASE 03

劉宜良 1968 年出國後，台灣的變動最關鍵

1969 年 7 月 1 日，蔣經國出任行政院副院長。

1969 年 9 月，蔣介石、宋美齡在陽明山，發生車禍後，決定加速培養蔣經國成為接班人，美國方面立即提出邀訪計劃。

1970 年 4 月 25 日，蔣經國訪美遇刺。

1971 年 10 月 26 日，退出聯合國。

1972 年 6 月，蔣經國出任行政院長。

坊間流傳多種《蔣經國傳》版本，作者均為劉宜良。

寫《蔣經國傳》的源由——
劉宜良自述起心始末

　　1968 年，劉宜良赴美，取得美國籍，1970 年剛剛申請
到，位於華盛頓州的美利堅大學（又稱美國大學）、政治研
究所的入學許可，攻讀碩士學位。

　　1970 年 5 月，他以蔣經國為研究主題的論文通過，得到
碩士學位。期間：適逢蔣經國訪美，劉宜良以台灣日報駐美
特派員身分，得到採訪許可證。

　　他在自傳中說：以前只能在台下聽訓，沒想到在美國，
居然能夠有平起平坐、面對面……採訪蔣經國的機會！這就
是美國！他因為是美國人而偉大。

　　而這次採訪，以及隨即發生的蔣經國遇刺案，各方面
不同意見、焦點、熱門的報導，讓劉宜良發現，外國人、包
括美國學者、教授，對「蔣家」和國民黨內部、派系內鬥情
況，有著高度興趣，他不僅可以此研究，做為碩士論文，甚
至可以此繼續攻讀博士學位。

《南北極雜誌》與劉宜良的 恩怨錢仇，香港掀波瀾

（1）在苦難中國人階段，香港被稱為「東方明珠」，大英帝國統治的手段、方法，對比毛澤東、蔣介石的中國大陸和台灣，讓香港成為華人世界，最令人羨慕的地方。生活、自由、音樂、流行包括言論尺度，最開放的地方，只要你不批評宗主國，不要有極端行為和思想。

1997 年回歸之前，香港曾經是所有海外華人，都想要到此一遊，吃、喝、玩、樂，最好的選擇。

（2）《南北極》月刊雜誌 1971 ～ 1996 年創辦，創辦人：王敬義，1933 年香港出生，培正中學、台灣師範大學外文系畢業，美國愛荷華大學英語文學創作班碩士，是個把林海音「純文學」和「文星叢刊」，搬到香港出版、復活的人。

雜誌取名「南北極」就是暗喻當時大陸和台灣，勢如水

火的關係。

　　雜誌以政治態度中立，對兩岸三地的報導、批評、直言不諱、不偏不倚，大受知識份子重視和歡迎。

　　王敬羲自己兼主編，吸引海內外有思想、文筆的作家，以各種筆名投稿（還是要提防兩岸政權，對作者追蹤），當時每篇 800 字，港幣 20 元的稿費，更是極大誘因。

　　那是香港人最輝煌的成長歲月，王敬羲完成了一份知識份子的時代使命。

　　（3）1972 年，還在美利堅大學，攻讀碩士學位的劉宜良，蒐集資料愈來愈多，於是用「丁依」為筆名，投稿到香港的《南北極》月刊雜誌，由於他兩度在蔣經國先生創辦的政治工作訓練班、政工幹校，受過教育訓練，以「天子門生」自居，造成宣傳上極大的轟動。在兩年連載中，其內容真實性、筆調、寫法，受到特別的矚目。

　　1974 年 3 月，《台灣日報》正式解除、解聘，劉宜良駐美特派員、記者身分。

　　1975 年 4 月 5 日，蔣中正總統逝世，《南北極雜誌》在未徵得劉宜良同意下，將其兩年來的連載文章，集結成冊出版《蔣經國傳》，在當時版權、著作權利、投稿後作品歸屬……等等權益問題，並沒有明確的保障，與雜誌社爭議、

持續、糾纏多年。

　　這本書當時在海外華人社會，並未受到廣泛、公開、流傳、獲利，多數人只是在探討——「丁依」是誰？何許人也？

　　但是這本書在兩岸受到的待遇，卻是截然不同。

　　中國大陸高度重視，曾經三度邀劉宜良返鄉，一切配合需求，給足面子，還在釣魚台賓館，受到國賓級待遇。當年大陸正在開放初期，劉宜良當然是統戰最佳樣版，他心裡清楚，只是不敢公開。

　　在台灣則完全相反，由於背景、出身，又是《台灣日報》駐美特派員，在僑界小有名氣，引起情治單位、黨務系統注意。透過管道，多方設法、禁阻流傳，希望劉宜良能夠停止，對蔣經國不實的寫作、報導、批評，最後的底線是：改版、調整內容，但是：代價呢？

江南案發生，劉宜良之死的種種導火索？

　　江南案發生 40 年，一般的概念：劉宜良以寫《蔣經國傳》引禍上身，基於「拼圖江南案」的想法，筆者整理出思考順序，邀請大家一起來瞭解。

　　第一本《蔣經國傳》是劉宜良於 1972 年，以「丁依」為筆名，向香港《南北極》月刊雜誌投稿，以連載方式發表的文章，出版者是香港《南北極》月刊雜誌社。

　　（1）1974 年，因為蔣介石元首逝世，南北極雜誌社搶先出版《蔣經國傳》，在當時並未造成轟動。

　　何況「版權概念」，當時並不明確，在未先徵詢劉宜良「同意授權」出版的情況下，此事雙方爭執，將近八、九年。

　　（2）1978 年 5 月 20 日，蔣經國先生當選總統。1984 年 5 月 20 日，蔣經國總統連任成功，李登輝當選副總統。

　　（3）1983 年 7 月 15 日，在美國加州的華文報紙《論壇報》，從第 75 期開始，連載劉宜良改以「江南」為筆名，

發表的《蔣經國傳》，當時造成轟動。此後，各方面的壓力，明的、暗的，檯面上、檯面下，紛紛湧至，目標鎖定：劉宜良和《論壇報》。

劉宜良因為背景關係，所有接觸，來自情治單位，多方使力，各自爭功競利。

《論壇報》的焦點，鎖定阮大方（父親是前中央日報社長：阮毅成）。

阮大方一手促成、主導、包辦和劉宜良接洽、條件談判、刊載、出版的所有事宜，包括 15、16、17 三個章節，同意劉宜良改版、重寫，卻不知道，劉宜良幕後操作情況，已經埋下殺機。

（4）「江南眞相調查委員會」前身是「江南治喪委員會」，阮大方身與其中，自忖對劉宜良有所虧欠，一直積極奔走，呼籲調查眞相。事隔兩天他和李乃義（據説江南死前一天，在一起喝茶）去向聯邦調查局提供，台灣幫派份子涉案線索，等於是報案、檢舉。

但是阮大方在母親驚覺、堅持下，還不知道要惹出多大的禍？要他立即離美國返台，改行從商，不得再涉此事。

（5）回到台灣，此後 20 年，阮大方幾乎是唯一陸續在各媒體、雜誌，撰文、呼籲真相的人，也慢慢知道自己的角色。

當年若不是他堅持在《論壇報》，連載、刊登劉宜良，以江南為筆名發表的《蔣經國傳》？事情應該不會？變得那麼一發不可收拾吧？

拼圖七

山上　山下
安全局　情報局
大汪　小汪
隱藏版　江南案

CASE 01

山上、山下、大汪、小汪，稱呼藏玄機

山上、山下的名詞，始於安全局從石牌遷到陽明山、仰德大道 110 號開始，當時山上是汪敬煦局長的年代。

情報局所在地芝山岩、雨聲街，剛好就是下了陽明山、右轉、路口斜拐彎進入，是情報局從一來到台灣落腳地，所以才會有山上、山下的稱呼。

至於大汪、小汪的故事，真正浮上檯面，有此稱呼？始於 1983 年中，情報局長出缺，私下聽說：接任人選是位特派員，當時安全局派駐海外，有四大特派員，論資歷、輩份，是：日本 1、美國 2、東南亞 3、歐洲 4，會是誰呢？

跌破眼鏡的命令發佈，竟然是駐歐特派員，還是少

歷任局長簡介
Former and Present Directors of NSB

首任局長
鄭介民上將
44.3.1-48.12.11
1st Director
Gen. Cheng Chieh-ming
(1955-1959)

第二任局長
陳大慶上將
48.12.15-53.8
2nd Director
Gen. Chen Ta-ching
(1959-1964)

第三任局長
夏季屏中將
53.8.1-56.6.1
3rd Director
Lt. Gen. Hsia Chi-ping
(1964-1967)

第四任局長
周中峯中將
56.6.1-63.5.1
4th Director
Lt. Gen. Chou Chung-feng
(1967-1974)

第五任局長
王永樹先生
63.5.1-70.12.1
5th Director
Mr. Wang Yung-shu
(1974-1981)

第六任局長
汪敬煦上將
70.12.1-74.12.1
6th Director
Gen. Wang Ching-hsu
(1981-1985)

第七任局長
宋心濂上將
74.12.1-82.8.1
7th Director
Gen. Sung Hsin-lien
(1985-1993)

現任局長
殷宗文上將
82.8.1-
Present Director
Gen. Ying Tsung-wen
(1993-)

歷任局長簡介（取材自國安局 40 週年紀念冊）。

將的李筱堯，他匆匆從德國趕回來，辦理交接，又回德國。這樣來回短短的不到兩個月，李筱堯先生又被發佈新職：從情報局長調回國安局，擔任駐美特派員。

國家安全局正大門入口，地址：台北市陽明山仰德大道 110 號。

「忠誠無私」是國家安全局期待的信念。

江南案「隱藏版」被暗暗點燃？

　　山上、山下、大汪、小汪，稱呼傳來傳去，各種揣測層出不窮，耳耳私語此起彼落。

　　知者，個個都心知肚明；傳者，個個都欲言又止，故作神秘，江南案「隱藏版」的導火線，其實已經被暗暗點燃！

CASE
03

蔣經國時代內衛區隊長的因緣際會

　　1979 年 2 月，我從國防語文中心畢業，被甄選到聯合警衛安全指揮部，由於 57 師在馬祖駐防期間，我是全馬防部；戰備任務訓練測驗、第一名的步兵連長，適逢專門護衛國家元首的警衛隊，領導幹部出缺，因此在眾多人選中，被選中到士林官邸報到，那時候的國家安全局長是王永樹。

　　士林官邸報到才三個月，就被派任區隊長，帶著第三區隊到大直，增強經國先生七海寓所的兵力部署，甫完成七海與海軍總部之間「安全走廊」，兵力、任務、訓練、作戰計劃，又調接全隊任務最繁重，前山第二區隊長，轄下三個據點、12 個哨所、70 多名衛士、軍官，包括所有新進軍官，接受 1 年的站哨訓練、考核工作。

　　當時適逢美麗島事件發生，多少個夜晚，我們在連接北安路的管制道路上，全副武裝帶著軍犬，操練鎮暴隊形，模擬各種突發狀況，處置手段，應變措施。

　　印象最深刻記憶，是在美麗島大審前，夜間九點、寓所管家王湘漢學長，送來一份 23 人名單，一個小時後，這些人奉召、進入寓所和經國先生開會，要仔細核對、確認無

誤，才准許放行。

名單包括所有黨國大老、重臣，最年輕的兩位：是穿著T恤的宋楚瑜和錢復。

在美麗島眾人犯，公開審理前，經國先生邀集、聽取各方代表性人物，對交付審判的意見，會議足足討論三個半小時，最後經國先生裁決：交付公開審判。

那是段夙夜匪懈、獨一無二，充滿挑戰、鍛練的經歷，由於經國先生親民、愛民的作風，前來送禮、請願人士，經常在半夜、清晨，各種時間、方式，包括要經國先生信教

警衛隊主要幹部兵棋推演，前排中：丁振東隊長、前排右：劉懋林副隊長、前排左：伍永益輔導長、筆者立於後排右4、區隊長（攝於七海警衛隊指揮中心）。

警衛隊幹部會議，全體幹部在士林官邸集合內部會議。前排右起：李天鐸區隊長、副官徐步進中校（註：士林官邸特別編制，筆者剛報到即被告知：此人為「地下隊長」）、作戰官翁明呼、副隊長劉懋林。

新年期間攝於七海第二區隊會客室，二區隊主要幹部與即將上哨人員合影。

每個月都辦的慶生會活動,是為了舒解幹部、衛士們,長年執勤的壓力。(區隊慶生活動攝於中山室)

等,形形色色、五花八門,都要仔細、妥善處理,不得有絲毫疏失。

正當此時,國際間又發生埃及總統沙達特閱兵時,被警衛丟擲手榴彈、刺殺身亡的特勤案例;當時,對我們安全警衛的工作要求,大到無以復加之重。

丁振東隊長說得好:金門,馬祖兩岸對峙,還有海峽分隔,我們七海衛隊,24小時警戒,無界限,沒有任何預警、轉圜機會,所有教育、訓練、反應、處置,都是真槍實彈,花在直覺上的戰鬥,不容許有失敗,那是我軍旅生涯,最被壓縮、磨練的挑戰和考驗。

民國70年
經國先生的健康每況愈下

　　民國 70（1981）年國慶、漢武演習、經國先生親自主持的閱兵大典，我被派駐總統府五人小組，兩個月時間，完成全盤作業，細到觀禮台座位區、所有名單，都必須在經國先生核准後，才准許啟動後續。

　　那時候，經國先生身體欠安行動不便，單就一個由侍衛推輪椅，上閱兵台的動作，就不知道要模擬練習多少遍，因為當時我們所有的程序、細節被要求保證萬全，萬無一失。

　　雙十節所有活動，在台中、中興堂慶祝光復節後，我們警安組和侍衛室，所有人員都移駐榮民總醫院，長達 8 個月時間，陪同經國先生住院治療，對外：完全、絕對保密。

　　如今，在寫作《江南案拼圖》中，鏈接回想起來，經國先生在 1981 年，身體狀況已經開始走下坡，操心國事、黨外崛起、兩岸情勢、美國因素，後蔣經國時代的權力鬥爭，都在高層、少數有心人士間醞釀，流動。

　　我在 1981 年 3 月 16 日，經國先生住院期間，以法語專

長，經過考試後，奉調國安局二處（海外、國際部門），正式進入情報圈，只是當時年輕的我們，一心一意只想：報效國家、効忠領袖。

　　要經歷過這麼多事，這麼長久時間，思想、學習、淬練後，才能寫出這個：看得懂的故事。

拼圖八

汪敬煦主導蛻變
國安局銳意革新

時代遽變　世代交替
建立國家安全局

　　新舊交替、內外挑戰、社會變動，對一個在傳統體制中，建立起來：掌握所有情報治安單位，人事、經費、工作、指導、運用，隱藏在幕後，權力的指揮機關。

　　1952 年 3 月 1 日，在圓山動物園、民防指揮中心、防空洞內成立「總統府資料室」，之後遷到劍潭，轉進石牌，在汪敬煦時代，建立於陽明山仰德大道 110 號「國家安全局」現址，以「磐安」為代號。

　　在我進國安局年代，包括縣市警察局長的任命，把關的就是國安局長，如果以現代眼光，「檢視」當初建立的國安局這個單位，的確可以稱得上：是個「特務機構」，因為：他只有一個老闆，聽命一個人。

蛻變主導定位──汪敬煦：我們是情報單位

　　1981 年 12 月 1 日～ 1985 年 12 月 14 日，這是汪敬煦先生的任期，他是個在與時間賽跑的人。

　　國家安全局歷史上，第一位經歷：憲兵司令、情報局長、警備總司令，情治經歷完整，以現職上將、出任局長的是汪敬煦先生。

　　1937 年抗日戰爭開始，他 19 歲、就讀南開大學，投筆從戎，陸軍官校 14 期工兵科畢業，兩度留學美國：工兵學校、陸軍參謀大學正規班畢業。

　　豐富的駐外經驗：駐聯合國軍事代表團、駐美軍事代表團、駐伊朗武官、國安局駐馬來西亞代表，在協助利比亞建設工兵、通信系統時，與格達費建立深厚情誼。

　　他的語言天分，曾經在和沙烏地親王，來台召開的情報會議上，汪局長親自朗誦一首詩，用的是阿拉伯文歡迎嘉賓，令全場驚喜咋舌！

　　我是在他接任局長三個月時，調至二處（國際處）三

1983 年第 28 屆局慶籃球比賽，背景為石牌安全局舊址、第二處獨棟辦公大樓。局本部磐安隊與科技中心安康隊，賽前合影。
中立者汪敬煦局長、左邊深色西裝督察室王德鈞主任、右邊淺色西裝二處包炳光處長；鐵三角：孫晴飛、李天鐸分立於汪局長身後左右邊、劉金生（大牛）後排右 2。

科（主管歐、非、中東地區），剛開始的心情，既興奮、又緊張，辦公室有非常嚴肅的氣氛，連交談都只能兩個人聽得見，人事官來交付工作時，只能見到有你名字、任務的那一行，兩邊的其他文字，全被遮蓋住。

科長對新進人員，除了甩你公文外，就是一再追問：你是誰的人？什麼關係進來的？

一連串開放的興革，用汪先生的經驗、智慧開始，鼓

汪敬煦局長無預警蒞臨。

汪敬煦局長為局慶籃球賽主持開球儀式。

勵大家運動，走出辦公室，下午四點鐘，辦公室音樂準時響起，開放運動時間，舉辦自強活動、全省、外島、參訪、觀摩、旅遊，自行報名參加。

全局召開榮譽團結會，開放發言提問，當時軍、文職人員，待遇、佔缺、公平、年資問題、一直存在。

月會上，一位文職女警官，當場舉手質問局長：安全局是穿著便服的單位，為什麼月會、典禮指揮官，都是穿著軍服、軍職人員在指揮？到底；我們是什麼單位？

局長看著她，不緩不急，一句話答覆：我們是情報單位。

每個月的慶生會，局長會把當月收到，外賓送的禮物，捐出給壽星抽獎，最轟動的一次：壽星抽到，4根柱子是用純金打造，王室用的香爐，那是沙烏地阿拉伯王儲，送給局長的禮物。

每天中午用餐時間，總務室會安排，不同處室、男、女代表五人，與局長同桌，有次，局長對一位體型有點胖，女性同仁，開了個玩笑，第二天，那位同仁，覺得沒有面子，就不上桌了。

局長私下託總務室主任轉告：如果在三個月內，減肥成功，會予以獎勵。

三個月後，她果然減肥達標，領到五萬元治裝費，也成為局裡名人，主持年終晚會，還當上節目主持人。

統合大陸、國際、國內情資來源，發揮情報整合功效

當時國安局最大的改革：是在人事部署和工作分配、任務調整上。

科研室副主任調升局本部主任秘書，瞭解全局、各業務單位的運作關係後，派回科研室；升任中將主任，從此他知道；統合所有科技情報和業務單位，整合資源、聯結未來、提升整體情報、工作效率。把原本各自獨立作業的：大陸、國際、國內處，業務整合，將主任秘書辛（姑隱其名）先生，調升為首席副局長，掌管最重要的 1、2、3 處，期使大陸、國際、國內的狀況，不再各自為政，能夠有全盤性瞭解、掌握、判斷，而能做出及時性建議和決定。

辛先生在和我們年輕幹部會議中，有一幕在我腦海裡，留下最深刻的記憶、印象：我們建議，當時局裡應該迅速完成「國安局組織法」，因應未來法制化問題，辛先生在哈哈笑聲中答覆：

你們這些年輕小孩子！只要中華民國存在一天，安全局

沒有法制化的問題！

　　結果：這個問題，就在宋心濂局長任內，果真被挑戰。

法國 DST 局長拜會宋心濂局長（右）。

- 1992 年李天鐸擔任國家安全局駐法國代表時，秘密安排、陪同法國總統密特朗親信：國土監視局 DST 傅矗特局長來訪，拜會宋心濂局長。
- DST 局長訪華，為中法雙方軍購案幕後關鍵人物。此一關係之建立，係汪敬煦局長於李天鐸赴比利時行前交付：「不要待在學校，盡量利用機會，到各個國家去實際了解、交朋友」。
- 法國國土監視局與我國安局，正式建立全面合作關係，為李天鐸任內完成，此項關係源自早先，法國重要友人之協助。

李天鐸陪同傅聶特局長（左）參觀中正紀念堂。

海外情報工作，最具體的改革

　　汪敬煦先生對海外情報工作，最具體的改革有三項：

　　1. 准許外派人員攜眷。

　　2. 海外工作待遇，比照外交部調整。

　　3. 海外工作人員，對待其他部會單位，除非有具體叛國證據，否則嚴禁小報告。

　　對於「台獨人士海外活動」，汪先生尤為關注，在西班牙新任組長的簡報會議中，見到先生取出雪茄，我們在座幹部開始緊張，只見局長做完點燃過程，噴出第一口煙，問題接踵到來：

　　你對西班牙巴斯克組織，有什麼看法？

　　當時他就要求國際處，蒐集各國政府，對待獨立運動、分離主義的處置方法和態度，報供國內參考、運用。

　　人才培養他著墨最深「長春專案」，選拔年輕同仁，到各國學習特殊語言。

　　要求公文簽呈，取消舊習，逢蔣稱公，還要空一格。

　　我們科裡，在一次海外組長選派上，牽涉到軍種爭奪，汪先生召集大家，語重心長的說：國家培養一位幹部，非常不容易，但是要毀掉幹部？只在一念之間，不可不慎重！你們想派誰？我很清楚，但是尊重你們的意見。

CASE
05

我和汪敬煦局長

汪先生要求：公文處理，摒除官大學問大心態，尊重科員意見表達，遇到疑慮時，局長會要求我們，直接面談討論，在我當業務官第三年時，他問我兩個問題：

(1) 我們海外處，人那麼少，和外交部怎麼競爭？

我回答汪先生：我們人少，以語言專長，採取地區業務官制，對管轄國家、地區政情、經濟、人物誌，都有長期情資分類、檔案建立，熟悉深入瞭解，不會因為換人而中斷，更不會因為人數多寡，影響工作品質，和我們的競爭力，對於我們單位，我有信心，因為外交部是採取輪調制度。

(2) 當場建議：

不要把所有的雞蛋，都押在美國，應該運用歐洲各國，獨立、自主的文化、思想，透過以色列、南非和我們友好的情報合作關係，介紹、發展和歐洲國家，實質情報合作關係，用來制衡美國。

由於這次談話，汪先生要我在歐洲申請一個學校，出去

交朋友、熟悉環境。

當時我因為婚姻關係，造成極大的壓力、負擔、干擾，在核准赴比利時出國當天，早上八點，局長在辦公室約見，兩人比肩同座，他向我訴說：他的婚姻故事，結尾時，笑著拍我膝蓋說：天鐸我跟你繞圈子了，我要向你說的是，婚姻是命啊！

他直接交付我兩個任務：

（1）我們和歐洲國家，外交關係那麼差，每次簽證申請，都要透過香港，花費至少三個月到半年的時間，萬一有緊急情況呢？

你去了解各國陸、海、空關防情況，萬一有緊急狀況，用走私或偷渡？不管什麼手段，如何能夠達成任務？

（2）不要待在學校，儘量利用機會，到各個國家去瞭解，交朋友。

1984 年 11 月，我透過比利時老師的關係，申請到自由大學的入學許可，第二年轉到魯汶大學，搭火車、坐輪船、攔 Auto Stop、從佈告欄搭併車，跑遍比、荷、盧、法、德、奧、西班牙各國，並在一張歐洲地圖上，做滿註記。

　　在魯汶大學時，一個下雪夜裡，找到校長秘書何康美，直接明白她從事台獨，反政府的原因，而在法國結交的好友，更是後來我出任法國代表時，促成幻象戰機買賣的關鍵人物。

　　因為寫作《江南案拼圖》，事隔將近 40 年，才把這些往事一一喚出，那時候「江南案」台前幕後，暗濤洶湧，我們都還只是，在成長中的幹部，許多事情看在眼裡，儘管不懂也不敢問，當時我們真的不知道，他們背後發生什麼事？

　　抱著革命軍人對國家的希望、使命，向前邁進，無論如何，汪敬煦局長對我的教導、照顧、提拔，在心中是我一生最敬重的長官。

拼圖九

江南案後
郝柏村整頓情報機構
外行領導內行

大汪、小汪，調動人事各顯神通

1983 年 11 月，汪希苓先生接任情報局長，在情治單位之間，開始有了山上、山下，大汪、小汪的說法，做為私下稱呼的區別。

大汪（汪敬煦局長）在安全局的改革，以人事調動最為明顯。

我們海外處處長，換成陳香梅女士推薦，空軍黑貓、黑蝙蝠專案，幕後一手策劃、督導的包炳光將軍出任。

原來和蔣家有淵源的吳聖蓀處長，調升、外派為南非特派員。

我們第三科科長，由菲律賓組長、海軍的張紹民上校、回國接任。

他創下局裡升遷紀錄；一年當中，從科長、專門委員、副處長、秘書，佔缺、連升四級，1984 年初晉升少將。

作為他的得力助手，跟隨處理過多件局長交辦，棘手的高級專案，同時也兼管我們國際處、海內外黨員的黨務工作。

CASE
02

香港《九〇年代》刊登
七封情報信，誰的主意？

　　江南案發生後，我們只在偶爾私下，從見諸報章、新聞中的消息知道，沒有人敢過問，因為這個案子，是以國內第三處為主，我們第二處，由主管美國地區的二科負責，其他任何人不得、也不會，去過問不關自己的事情。

　　1984 年底，我受局長指示，赴比利時唸書，二月初，紹民秘書來歐洲休假，在布魯塞爾、大廣場上，我們碰頭，他帶著高興的表情和我分享：江南案處理過程中，那七封由香港《九〇年代》公開、刊登，劉宜良寫給情報局的七封情報信，這件事是他出的主意。

江南案後，郝柏村派出最凶悍的大將，整頓情報機構

　　1985 年 7 月 1 日，國防部情報局與聯二所屬，特種軍事情報室併編，改組為國防部軍事情報局，簡稱軍情局，由盧光義中將出任局長。

　　1985 年 12 月 14 日，汪敬煦局長卸任，由金門防衛司令部、司令官宋心濂上將，接任國家安全局局長。

　　他們兩位，都是郝柏村、陸軍、嫡系愛將，治軍驃悍、嚴苛出名，據說：奉命來「整頓」情報單位。

　　侍衛室的好友告訴我：

　　金防部司令官宋心濂，在經國先生召見完畢、出來，侍衛官們向他恭喜時，他滿臉不以為然，丟下一句話：

　　嗟！這有什麼好幹的 ?!

　　因為他一心想當「陸軍總司令」。

　　殊不知；這是個與總統、關係最親近、直接，他們完全陌生、不瞭解的單位，所掌握的權力，又豈是陸軍總司令或參謀總長可比擬的；怎麼能用軍隊的領導思維，來「整頓」

情報機構呢？

　　宋心濂上任初期，鬧過不少令人捏把冷汗的事，所幸以他的聰明、勤快、迅速調整。在他完全陌生的國際情報方面，所有我們簽呈的附件，都可以見到，他用鉛筆仔細讀過的痕跡。

真正情報工作的學習地──
陽明山情報學校「山竹山莊」

　　1986 年末，我由比利時回到海外處，為了升上校，開始補必要的學歷：正規班、研究班、駐外人員講習班，包括和德國情報機構、合作辦理的情報訓練班。

　　由於安全局是情治單位的龍頭，我們可以按需要，透過人事單位協商、選擇、索取受訓員額，按我過去業務往來經驗，調查局、警察、警總我都熟悉，唯一陌生、不曾有過往來經驗的，只有軍情局。

　　1987 年 3 月 1 日～ 8 月 8 日，在陽明山、山竹山莊，情報學校接受半年的正規班訓練；這裡，才是真正基礎情報、學習、入門的所在地。

　　所有教官，都是情報圈中，曾經出生入死、大陸、敵後、滇緬打游擊、活著回來的老幹家。

　　同學之中，也是臥虎藏龍的國軍英雄，各有所長，電訊、偵蒐、海上大隊、海外派遣、敵後潛伏，男男女女，包括八位從陸、海、空、政戰學校，剛剛畢業，經過測驗，被

挑選出來，優秀的畢業生。

　　課程內容包括：面相學、跟蹤、潛伏、密碼、通訊、易容、突擊、爆破、電台架設、審訊、反審訊、繪圖、記憶術、情報收集、寫作、秘密攝影、交通、死轉手等等，紮實、有趣、實用，還要反覆討論、操作演練、經驗報告。

　　每週三外宿，週六休假，那半年中，見識到那麼多，不同班隊、受訓、培養的年輕人，他、她們是以何等崇高的情懷，投身在「情報」領域，經過一步步培養，因為任何一絲差錯，都會讓血淚、生命付出代價，不斷學習、傳承，為國

1987 年在陽明山軍情校接受正規班訓練。全班同學於慶生會後合影。

家賣命，做無名英雄。

　　這所處在山間，經常雲霧迷漫的情報學校，讓我學習、留下深刻記憶，也因此成為他們少數認同的「忠義同志會」會員，那段期間，也結交了在情報局，最好的鐵桿兄弟：小胡（姑隱其名）。

慶生會後團體康樂活動、兵演兵，筆者（右）和同班同學龔德育－陸軍官校 75 年班畢業。

軍事情報學校正規班學員畢業證書，當時為中校軍階。

外行領導內行，中華民國的
情報工作從此走下坡

　　什麼叫做「外行領導內行」？是我在情報學校，學習對軍方將領：跋扈、蠻橫、荒唐、自以為是、官大學問大的作風，留下最深刻的印象和思考，這種人是怎麼升上來的？國軍怎麼會有這樣的將軍？國家層次的情報單位，究竟該如何領導？

　　當時中將局長盧光義的領導作風，令我記憶深刻，舉三個例子：

　　（1）我赴情報學校報到的第一天，隊職幹部剛從局本部，參加局長主持，所有單位人員到場的「月會」，回到學校，每個人都在用米達尺，丈量軍便服夾克、左胸掛識別證、位置的高低。

　　因為月會上，局長見到軍、士官夾克識別證，位置高低不同，在台上立即破口大罵！

　　這件事，讓我想到：軍中好友告訴我，他當師長時，

最有名的笑話，視察營區逛到豬圈時，問營長：你的大豬每天、每頓、吃多少餿水？小豬吃多少？

當你還在猶豫時，一陣辱罵！劈頭蓋臉！而且習慣性罵人是：豬！大家笑的是？他不知道自己是豬頭!?

（2）一通電話：局長要來情報學校視察

校長緊張到：教室、牆壁、門窗，重新粉刷、油漆，馬路柏油路面更新，最離譜的事情？

「確定」局長蒞臨、當天早上，每個教授班張貼、排定當週課表，全部被收回，為什麼？變換教官人選，為什麼？

局長去到教室，最好、看到的教官，是他熟識、自己帶來、提拔的人，否則又是一陣狂罵！

（3）最嚴重離譜的事情！

他不相信情報局在敵後、大陸，有那麼多佈建、情報單位和人員？因為，要花那麼多錢？要編列那麼龐大的預算？

他按照軍中想法，那是天文數字！

更認為：一年、一次、一個人、單趟、入區運補、更換密碼，只能一個單位？是浪費！欺騙！都在騙他！

他堅持：當年挑選出來，負責深入大陸運補的同志，一次補給三個單位！結果？居然成功了！

他在月會上，批手下做假！欺騙長官！我最英明！還會省錢！不浪費！你們別想騙我！

結果呢？

下半年，入區運補任務，英明偉大的局長，要求找出上次執行任務的人，因為他熟門熟路，而且多加三個單位，不要浪費！

結果呢？

這次深入大陸，執行任務的同志，和潛伏敵後、據點的單位，全部被破獲，像一串粽子式，被拎出來，連根拔起，上新聞、被判處重刑！

多到數不清的愚蠢作為、案例、郝家軍帶兵手段！最後呢？貪污下台！

這段經歷，彰顯後蔣經國時代，郝柏村在軍權掌握上的自大、心機、手段，他們用軍隊式的管理思維，完全不懂「情報」工作，所造成不負任何責任的傷害，剛好印證：江南案所造成五大影響之三：

中華民國情報工作，從此開始走下坡！

拼圖十

面對汪敬煦先生
三度　問不出口的
「江南案」

時光年輪轉，冥冥定命數

　　1985 年 10 月 15 日江南案發生時，我在國安局工作。1994 年 8 月 1 日從國安局海外處退伍。

　　江南案爆發後，前 20 年社會上，敢於對案情討論、試圖瞭解、追究真相的空間，並不存在。

　　2000 年政黨輪替，2001 年「國安秘帳案」爆發，個人奉國安高層請託，接受 TVBS 電視台，上李濤主持「2100」政論節目，從此在媒體曝光，成為各家媒體：國安、特勤、情報、軍事評論員。

CASE
02

輓聯話夢斷，追思起疑情

2007 年 11 月 7 日，竹聯幫精神領袖陳啓禮在台北、大直出殯，虎哥、陳虎門要局裡的小胡（姑隱其名）給我電話，我們一起赴靈堂上香祭奠。

啟節東手天人從俠道知忠薑
禮失求諸野夢斷關河望竹林

張大春作

2014.0104. 翰林筵
渠沈呂遂向大春電
壺.　SKY

2014 年 1 月 4 日筆者委請「翰林筵」沈呂遂先生，向張大春先生拜託，親筆寫下陳啓禮先生葬禮時，所作輓聯。

　　當場讓我印象最深刻的就是幅靈堂前，唯一、巨幅的輓聯。

　　啓節秉乎天　人從俠道　知忠藎
　　禮失求諸野　夢斷關河　望竹林

　　　　　　　　　　　　　　　　　張大春 作

在我充滿問號的心裡，想像中浮現的畫面、念頭；
這案件絕對不單純！
陳啓禮、董桂森死不瞑目！
到底這幕後還有多少冤情和問題？

首次「證實」大汪事前完全知情

　　讓我起心動念，要去探究這個案件，應該是這場葬禮之後，所發生的事情，當然也和我在 2100 節目中，國安、情報、特勤、軍事背景，身分曝光後，各大電視台政論節目，如雨後春筍般出現，大家都想談一下，但是呢？

　　按照報紙、官方、未經證實的消息、情況下，江南案的談論空間，多半集中在幫派、國家、政府處理上，即便情報圈中，真正能夠接觸到案情的人，也都被切割在固定資訊中，之前我最想知道的是：到底山上、國安局、大汪，知不知情？

　　為了上節目，我也用旁敲側擊的方式，問過汪敬煦先生在安全局，擔任局長時局辦室、熟悉的人員，但是：得到的是口徑一致的說法。

　　為了陳啟禮逝世，陳文茜的節目，邀請我去談江南案，因為之前在別的節目中，談到這個問題時；我的說法集中在兩點：

　　（1）劉宜良之死，是因為小董和吳敦，教訓失手，不

是制裁，兩者差別很大。

　　（2）汪希苓先生在美國工作9年多，怎麼會不知道？在美國處理這種事情，轉兩道手，做好斷點，花多點錢，找沒有案底的中南美、黑人，做成意外事件，也可以死無對證。

　　想了很久，剛好接到小胡來電後，就以上文茜節目的理由，打電話給小胡：「我們兄弟認識這麼久了，有兩件事請你告訴我」：

　　江南案下的指令是教訓？還是制裁？

　　答：制裁。

　　大汪到底知不知情？

　　答：天鐸，所有的簡報都是我做的。

　　當我聽到小胡這麼清楚回答時，心裡震撼、混亂到極點！我的朋友絕對不會騙我!?

　　國安局長汪敬煦，明明完全知情，為什麼要發動一清專案?!

　　為什麼這樣一件，理由同仇敵愾、一致對外、為國家做的事情，會處理成這麼不堪？到難以收拾的結果！

　　我除了內心的糾結、複雜外，到底要向誰？怎麼去求證？只能擱在心裡一個角落上，等待、等待、等著時光年輪機，轉到眼前時？還不可貪心，不能隨便形之於色，還是要分辨清楚，甚至無人可問，因為這是件「大事」。

週週奉派探小董，冥冥大牛牽偶遇，是不可思議的巧合？

　　更奇怪的巧合，居然在當天、同一時間後發生，在和小胡通話結束後，我去到新店調查局，赴個好朋友之前講好的約會，就在側門路口，一個熟悉的聲音響起：

　　天鐸：你怎麼在這裡？

　　剎那間，我全身起雞皮疙瘩，連頭髮、汗毛都像遭到電擊般豎起來！那是李豫芳、李大姊！

　　11年前，我剛從比利時回來的第二天，同樣的時間、地點，她從背後叫住我：天鐸：你回來啦？

　　是的，大姊：我昨天下午回來的。接著她告訴我：

　　「大牛」死了！

　　大牛，在巴西的劉金生，在回國前一天，因為急性肺炎，死亡的消息！怎麼會呢？怎麼死的？那麼年輕？那麼樂觀、爽朗的個性？

　　我們說好：明天回局裡上班再說。

　　之後，李大姊屆齡退休，我簽奉汪敬煦局長核准，由劉

金生遺孀李芸菁，以臨時僱員身分來局上班，以便照顧一個才出生、一個剛二歲的女兒，否則她高商學歷，憑大牛死亡後獲得的 60 多萬撫卹金，未來的生活？日子怎麼過？怎麼養活兩個孩子？

李大姊退休後 11 年間，我們從未見面、從沒聯繫過。

今天：同樣的地點、時間，就在我前不久，才明確知道，「江南案」安全局長汪敬煦先生，完全知情的消息後，大姐叫我的同時，我的第一個念頭：

莫非「大牛」劉金生顯靈？

難道大牛之死，和江南案有關？

同時我想起來，大牛想要返國述職的事情，曾在巴西寫信請我幫忙，當我第一次安排好時，他告訴我：組長不同意。

當我從比利時要回國前一個月，他從來信中告訴我，每週要到首都監獄（普多利亞），去探望從菲律賓偷渡到巴西，因為「江南案」殺人罪，被逮捕的董桂森（小董），大牛為什麼要去？

若非上級要求，他為什麼每週要去探監？當然是上面授意探監！

當然探監結束，要寫報告，什麼樣的事情？他在追什麼事？

又為什麼在回國前，突然爆病身死？而且隔天立即火化？

　　是否任務結束了？當時我還無法聯想。

　　但是、同時也想起：他的組長，不正是江南案發生時，局裡派在美國舊金山處理「江南事件」的組長嗎？

　　之後他調回國內，擔任我們海外處的副處長，接下來派赴巴西擔任組長，屬於我們第三科管轄業務，這個派遣命令，是上面直接交代，秘密、迅速、江南案發生之後，同事們私下都納悶？

　　巴西是講葡萄牙文，至少也要派個會講葡萄牙語的人去吧？怎麼會派個這麼有年紀的人去呢？

1996 年，二處好友在筆者外雙溪家中，為林泗渝老哥慶生。前排中坐者為李芸菁（劉金生妻子），除了前排右 2、賴穎平大嫂及左 1、潘先偉夫人外，其他都是海外處的老戰友。

　　當「鴨子出殯」、「上陳文茜節目談江南案」、「安全局長完全知情」、「大牛怎麼會死」？幾件事情，前後串連一起時，莫非大牛顯靈？這個念頭，熊熊燙燒著我！

　　在和朋友晤面後，我立即搭計程車直奔林森北路、華國飯店，因為我們鐵三角的頭兒，孫晴飛也已經退伍，被聘為經理，他也認為不可思議，我們對照些已知的觀點，只還是想不出發生的原因，為什麼要這樣做？

　　怎麼會這樣呢？

　　孫晴飛一再小聲叮囑我：小心！小心！千萬別說，要小心。

CASE
05

時光輪轉的幾個重點

1991 年 1 月 21 日，汪希苓、陳啓禮、吳敦假釋出獄。

1994 年 8 月 1 日，我從國安局退伍。

2005 ～ 2011 年底，我擔任國安局海外退休人員聯誼會會長。簡稱：長春藤聯誼會。

2008 年 10 月 8 日，以慶祝生日之名，邀請汪敬煦先生加入本會。

2010 年邀請汪希苓、胡為真先生加入本會。

2011 年 9 月 17 日，汪敬煦先生逝世，享年 93 歲。

回溯微妙的點點滴滴
環環相扣著國家命運

　　我在安全局成長過程中,算是汪敬煦先生一手培植的幹部,熟悉他的每一個動作,感受他慈陽如煦,交代事情、交付任務,沒有壓力的期許。

　　我完全沒有想過,那個「後蔣經國時代」,所有發生的事情,都環環相扣、微妙複雜、牽繫著國家命運,更大的背景是每個人的經歷、期望、希望和私心,背後真正的目的,這是我之所以,把這本書定位在「拼圖」原因,不論天上、人間,為每個人留點想像,能夠自己解讀的空間,不是很好嗎?

　　當我知道,安全局大汪先生,完全知道江南案後,心裡一直守著這個秘密,在想、在找、在等待機會。

　　因為我們長春藤,每半年以「春訊、秋聚」為名,辦理聚會,之前我都會帶著幹部,到位在新店、國史館傍,先生的寓所,去當面報告、邀請,汪先生每次都會備著點心、水果,像小孩子一樣,招呼我們,坐在一起,聊些共同話題。

曾經有過三次，話到嘴邊……

第一次，鼓起勇氣「想」，轉了半天，在肚子裡，因為完全不敢。

第二次，想過很久，鼓到胸膛，最後洩了氣，怎麼講啊？關你什麼事？

第三次，真正到了嘴邊，想要問的問題，望著先生已經年邁、不再健康的身體，已到嘴巴的話，三次嚥下口水，我怎麼能問？怎麼能開口呢？

聚會完之後，糾結許多天。

當時，做了決定，先生生前，不要再想，也不要問了。

之後，在六年會長任滿，交接完畢後，我帶著左右手：鄒美仁、凌錫忠，一起去到陽明山新安里，汪希苓先生的住宅拜訪。

直接問到江南案是怎麼回事？

小汪先生說了一段話：

從美國回來後，經國先生召見，在場只有三個人，經國先生當著汪敬煦、汪希苓的面說：

要我好好幹，過段時間去接安全局長。

那是我們第一次，正式聽到關於江南案的訊息。

這次的約會，從 2007 ～ 2011 年底，4 年當中，醞釀的是我和虎哥，陳虎門之間的往來，因為電視、媒體，採訪情報員問題時，我們都會交換不同角度、說法的意見，而所有

的往來，我都會讓小胡知道，這是我們三人之間默契所建構的感情。

　　江南案件拼圖的故事從此才開始。

長春藤聯誼會，創辦於 1997 年 2 月 16 日。以國安局第二處，海外退休人員為主要邀請、參加對象。為國安局退休人員，第一個以處為單位的組織，最盛時期到達 120 人左右，定期做疾病慰問、通訊聯繫、小型歌唱、慶生活動，會員手冊即為作者六年任期屆滿前的作品，記述這段歷史的感情。

拼圖十一

江南案籌拍影視
劇本：劉大國民

我在台大讀書的孩子 Arthur

　　我在台大讀書的孩子怎麼會去唸法文，搞電影？

　　2011 年中，調查局的好友阿強來找我：

　　兒子在台大外文系，英文唸好好的，去唸了法文，還得到法國政府獎學金，要去法國搞電影？

　　我真的搞不懂！你是法國的，幫我和他談談好嗎？

　　我和阿強的孩子 Arthur 聊的融洽愉快，建議他：

　　設法學習、研究，法國坎城影展的制度和發展。

　　未來華語影視產業，將會是個大市場，制度面問題，要從市場、流行著手。

Arthur 的父親鄒求強（中立者），因為破獲陳水扁洗錢案、鑕震案，被葉盛茂局長把他調到馬祖站當秘書。我們夫妻去看他，合影於雲台山「勝利山莊」入口處。

2018 年在台北冶春餐廳合影。照片左起：鄒求強、李天鐸夫婦、吳怡昌夫婦、黃光勳副局長。

Arthur 獲文化部，年度青年徵劇首獎《逆天正道》

2012 年 8 月 Arthur 赴法國 ESC Rennes 國際認證商業學院，完成學業，特別選修他喜愛的電影課程。

2014 年學業完成後，上遊輪打工、賺錢，一圓自己環遊世界的夢想，最後是 2015 年 2 月，從東南亞回到台灣。

他最大的收穫是在遊輪行程中，接觸、見識、體驗，和各式人種的交往以及各種不同狀況的應變、處理。

2015 年在大川孩子婚禮上，和他父母同桌，才知道他回來的消息，那時候他父親已經調到文化部工作，餐桌上自嘲：

我兒子參加文化部徵選作品，得到劇本組第一名，前去領獎，我居然不知道耶！

Arthur 入迷《忠與過》 邀他合作寫江南案

　　當我請他把劇本給我，仔細讀完逆天「正」道後，才知道什麼叫做青出於藍？

　　才知道劇作的寫法，完全不同於我們，自以為是的寫文

作者汪士淳透過訪談方式，完成汪希苓先生的《忠與過——情治首長汪希苓的起落》，1994 年 4 月 10 日由天下遠見出版公司出版。

章、評論，那是完全不同層次的專業、筆觸細膩、俐落、架構、轉折、斷捨，充滿想像、空間、背景、故事的寫法，給我許多啟發思考。

我主動約會 Arthur，我們談的節奏很快、輕鬆、跳 Tone。

問他：知道江南案嗎？

Arthur 告訴我：

他在國中上課，就聽老師說：江南案在那個時代，是個非常關鍵、具有爭議性的案件，而且坊間流傳，五花八門、琳瑯滿目，但是他周圍年輕朋友們的表現，卻那麼陌生和冷漠？

Arthur 和其他年輕朋友，最大的不同？因為父母親都在調查局工作，小學 3 年級就隨著父母，在美國長大，他心裡對江南案的態度：不是真相，而是動機。

Arthur 寫下當時的回憶：

當兵時是先看過張大春寫的《城邦暴力團》，裡面提到《忠與過》。後來一翻覺得太有趣了，對於這個題材一直沒忘。剛從法國回來跟天鐸伯伯吃飯的時候提到有點想把這故事改編成電影。結果天鐸伯伯一聽笑笑，單獨再約我去南京復興吃一家義大利菜，把黑色筆記本拿出來，開始告訴我大牛的事。

　　就我年紀而言，這個案子其實年代久遠，我同輩人以及更年輕的人，大部分就把它當作一個亂七八糟，跟蔣家有關的腐敗政治案。但可能因為父母親都在調查局工作，小時候也因父親外派過洛杉磯的機緣，許多當時的叔叔阿姨都是海外華僑。所以當我讀到《忠與過》時，裡面的角色以及氛圍，帶給我一種莫名的熟悉感。那個時代的台灣我沒活過，但看到如此鮮明激昂的角色是蠻迷人的，也使我更想了解爸媽眼中的中華民國長什麼樣。既然從事影視業，剛好會寫劇本，或許有一天可以有機會，在螢幕上呈現一個我這代下一代從來沒有看過的台灣。

　　換言之，《劉大國民》某種程度上是 Arthur 想寫給他自己父母的。

艾格蒙洗錢案、鏈震案、
江南案、劉大國民

　　我和小胡、虎哥分別談過後，去面見小汪先生，他問到關鍵，我怎麼會和他父親熟識的？

　　阿強夫妻都是調查班出身，阿強英文好，外派美國回來後，就在局本部洗錢防治中心，是國際艾格蒙組織成員，他以鍥而不捨的精神，在組織協助下，完整、證據確鑿查獲，陳水扁及其家人，洗錢的來龍去脈。之後又在阿扁下台前，邱義仁等籌辦的鏈震案，完整揭發，此兩案都被當時葉盛茂局長，通報阿扁，當時非但沒有記功敘獎，反而把他發配馬祖，葉盛茂後來也因此，被判刑定讞。

　　阿強透過好友，請我協助，調離單位，去一個可以發揮專長的地方，也因此我們兩家有著密切的認識和往來。

　　在汪先生應允下，從 2016 年 5 月 30 日開始工作，期間多次訪談，參加 2019 年汪先生 90 大壽，感受「忠義同志會」同仁之間，情逾手足、親比家人的氛圍，迄 2021 年冬末，完成全本 10 集寫作。

　　當時考量並討論過，拍成電影，商業發行，各面向思考，就先行決定「劉大國民」劇本名稱。

　　新冠疫情期間 Arthur 又完成，影視企劃大綱，包括翻譯成英文版本。

劉大國民 10 個分集名

1：兔子洞 Rabbit Hole

2：我是鄭泰成 I Am Cheng

3：自己人 One of Us

4：圍魏救趙 Misdirection

5：間諜 The Spy

6：長官 The Man

7：必要之惡 Necessary Evil

8：政治家 The Politician

9：說書人 Storytellers

10：故事 The Story

10 多年當中「劉大國民」成為「江南案拼圖」的引水人

　　對我而言，江南案這件事一直以來最大的問題是兜不起來！

　　只知道江南這個事件，就是一座山，上山的路來自四面八方，每個人都藏在自己的懷裡，用各自的方法，選擇性的記憶和遺忘，挖掘一條上山的路，想要清楚？還原真相？這是個多麼大的工程啊？

　　在 Arthur 寫作中，從網路、書籍、訪談做收納，像在吸取養份一樣，接進腦海，一點一點在蒐在想，當他完成「劉大國民」時，我讀過多次，知道這是個很好的劇本。

　　我在兔子洞口時，還是一片茫然，到真正開工，撩落下去，再讀劇本時才發現，原來在江南案拼圖中，劉大國民是個引水人。

　　謝謝 Arthur。

《劉大國民》劇本是「江南案拼圖」的引水人。

作者：鄒奕笙 Arthur

是我介紹給汪希苓、陳虎門和小胡認識，從 2016 年開始，我們在長達 5 年中，蒐集資料、訪談當事人，由 Arthur 以 30 歲出頭的年齡，以他敏銳的觀察、優秀的思考邏輯、中文能力，獨自完成《劉大國民》劇本，接著在疫情中，完成英譯本。

拼圖十二

江南之死　是個性？
或是：命運加上巧合？

　　本書第三篇中，已將劉宜良生平，以及他從大陸 17 年，台灣 18 年，美國 17 年，個人遭遇，所處年代，政治環境，不屈不撓一心嚮往美國，可以自由自在，為所欲為的大背景，做出敘述。

　　本篇著墨的重點，分別是筆者從個性、命運，以及各種難以想像，陰差陽錯累積出現的巧合，來作江南案的拼圖，當然也不排除隱藏在幕後，後蔣經國時代，牽涉到所謂國家命運，個人私心，是否也有國際因素介入？

　　這方面按照案發 40 年後，種種國際關係，演變結果去思考，表面上與事實情況的發展因果，如果不做全面深入探究，僅以分割、單獨個案，做利用性、選擇性的表述，或者是交代，殊為可惜。

　　讓我們看看經國先生逝世後，中華民國 40 年來，所有反應呈現出的台灣現況，不能說是沒有原因吧？

是文章闖禍？
還是劉宜良的個性使然？

　　2015 年 3 月 24 日，在中天電視台政論節目中，與佩芬姐同台，談論李光耀之死，講到經國先生，佩芬姐拿出《蔣經國傳》說，江南、劉宜良就是因為寫這本書，引來殺機。

　　節目後，向她借來這本書，就其中對蔣介石、蔣經國描述，各錄兩則，提供大家去想像，在那個年代，劉宜良寫文章的筆調。

　　（1）蔣介石與毛福梅（經國先生的母親）的婚姻

　　蔣 14 歲，毛 19 歲，比蔣大 5 歲，蔣成了不折不扣的小丈夫。

　　蔣毛婚姻，是當時時代的產物，等到時移勢易，不免淪為時代的犧牲者，終毛福梅一生，喜劇開始，悲劇終場。

　　（2）蔣介石的兩隻腳，一腳雖踩在革命的大道上，但對革命的認識，卻是模糊不清的，「革命」就是狹義的打天下，做皇帝的新名詞。

另一隻腳停在封建，殘餘的陋巷裡，認為孔孟思想，永遠是中國文化思想的主流。儘管他自己到過日本，喝了東洋墨水，並沒有真正呼吸到，新時代的新氣息。

（3）對蔣經國的形容

經國5歲拜師，讀書情景是：就這麼糊裡糊塗，不知所以地，雙腳蹣跚，踩到一個光怪陸離的知識領域。

（4）經國從小在佛教家庭氣氛中成長，何以未成居士？而追隨乃父，恭讀《荒漠甘泉》，變成滿口「神救世人」的基督徒？

經國要扮演孝子角色，也不得不假戲真作，在耶穌面前向乃父認同。

這是劉宜良到美國之後，寫作文章的筆調，是什麼原因？受什麼影響嗎？我們不得不從夏曉華開始。

CASE
02

劉宜良唯一的恩人，
為什麼是夏曉華？

　　不論東西方，都一樣，年輕從來就是叛逆的代名詞，只是東方傳統文化中，儒家、孔孟、農村、家父長制的思想，更多拘束，這也是毛澤東，發起文化大革命、破四舊，打倒孔家店的原因。

　　年輕時期的夏曉華，從參加軍統，進入情報體系，在抗戰那麼混亂、顛沛的時代洪流中，他工作在最單調，不能有聲音，不准出聲音的電訊偵監破密單位。

　　每天雖然從早忙到再晚，一定會在辦公室中，編輯「小公報」（香港有大公報），將工作單位裡所發生不公平的事，對長官官領導作風，以諷刺文章，漫畫插圖方式，公開報導；運用情報單位交通系統，分送各單位，廣獲好評！卻沒有受到處罰，連他自己都感到驚訝，是他懂得在危險邊緣，捏拿分寸，更因為才華過人，在短短 4 年中，連升三級的原因。

夏曉華崇尚自由思維
不喜絕對式的領導風格

　　抗戰軍興，一句「十萬青年十萬軍」，掀起濤天巨浪，襲捲中華大地；夏曉華雖投筆從戎，但也不習慣情報系統，無名英雄式，無條件服從，絕對效忠式的軍事領導，特別是沒有其他的思想空間！

　　抗戰甫結束，夏考進特警班，想要轉換職場，只因為戴笠失事，山河變色，他又被電訊系統龍頭老大魏大銘找回「電戰情報」領域。創辦「正聲廣播電台」、《台灣日報》，都接地氣，走進人民心裡，創新流行，帶動風潮，一片欣欣向榮新氣象。只因為有眼光，看得遠，懂得經營，卻不被當局接受，被小人說成別有野心，瞬間被拔掉舞台，消聲匿跡，只差沒有抄家，這樣刻骨銘心，烏雲蓋頂，跌到谷底的深刻經驗，影響夏曉華後半生。

　　從 1950 年到 1972 年，夏曉華為台灣整體新聞傳播事業，開創出輝煌成就，卻也眼睜睜看著，自己一手創辦的「正聲電台、台灣日報、台灣晚報」，被活生生從手上奪

走，沒有任何公理可言，只能自嘲是「失落的廣播人、失敗的報人」，那年他 53 歲！

往後 30 年，出版一本書《種樹的人》隱隱約約，抒發自己所想。他的家庭、子女，能不受這種鉅大深刻的打擊影響嗎？

他的兒、女、女婿，個個出類拔萃。夏鑄九：台大城鄉所教授、夏禹九：東華環境學院院長、夏林清：輔大心理系教授、女婿鄭村棋：著名的社運工作者。

除了女婿外，子女都不碰政治，如果是你？

想想看，她、他們在成長歲月中的日子，在同學朋友眼光中，是在怎麼樣人前、人後、異樣、被孤立眼光，長大的？

因為父親的工作，他們隱約知道，但父親從來沒有說過！全家曾經光鮮人前，瞬間跌落深淵，他們是在這樣環境中，長成、站起來的？

只因為情報工作「情報」兩個字，會變成一家人、一生的枷鎖嗎？

夏曉華「惜才」，成為劉宜良生命中最關鍵恩人

只買夏曉華的帳——劉宜良個性轉變的關鍵

1956 ～ 1965 年間，由於夏曉華惜才，在正聲廣播電台擔任記者，主持「360 行」午間訪談節目，每天揹著錄音機，騎上摩托車，穿梭在各行各業和大街小巷中，靠著觀察敏銳，反應機警，口才順溜，為他新聞寫作能力，奠下良好基礎。

1965 年夏曉華創立《台灣日報》，劉宜良靠著一支筆，成為報社台柱記者。

那段時間，除了工作、學英文，結婚、生子、懷女時離婚，起伏跌宕的感情生活外，做人態度上，還是循規蹈矩，知所收斂的。

1967 年他說服夏曉華，向新聞局申請，以「台灣日報駐美特派員」名義，派駐美國華盛頓後，他的心態、思想、個性，有著非常大幅度，兩極化的改變。

1970 年 5 月，劉宜良在華盛頓美利堅大學、國際關係研究所以「蔣經國」為論文研究主題，得到生平第一張正式「碩

士學位」證書。

　　1973 年取得美國籍，得到公民身分，劉宜良的言行，更加肆無忌憚、囂張誇大。筆者從他的自傳、發表文章中，擷取前三年間，數則公開資料，供大家參考：

　　（1）說到蔣經國，以前只能坐在台下聽訓，沒想到在美國，居然能夠得到，和蔣經國平起平坐的採訪機會，這就是美國，我因為是美國人而偉大。

　　（2）美國人在全世界，殺人放火都可以，他寫文章，想罵誰就罵誰，這叫做言論自由！這就是美國人。

　　（3）期間：夏曉華的子女，都在美國留學，劉宜良在他們面前，毫無保留表達：對台灣非常反感的態度。

　　（4）劉宜良自認是美國人，中國大陸和台灣拿他沒辦法，取得美國籍後，不僅高人一等，連夏曉華對他的建議，都不再完全接受。

　　1972 年，夏曉華「正聲廣播電台、台灣日報、台灣晚報」，相繼被迫交出經營權、失勢後，同期間在美國留學三位子女，成為家中經濟、生活最大的負擔。劉宜良從夏家子女口中，得知夏曉華的遭遇，大表不平，也因此撂下一句話：

「除了夏曉華！我！劉宜良什麼人的帳都不買！」

夏曉華對劉宜良的看法

（1）1970年夏曉華以媒體人身分，受邀訪美，並與劉宜良見面，當時夏就勸他《蔣經國傳》改版的事，但是沒有談到改版「費用‧錢」，劉宜良不置可否。

（2）夏曉華對於劉宜良在美國，寫新聞專欄的看法：

文筆銳利，批評尖刻，他有敏銳的新聞觸覺，有部分很受歡迎，文章卻常常傷害別人，尤其針對當時駐美官員的攻擊，對他非常反感，受到刺激。

（3）我一再以發行人身分，勸他要厚道、忠恕。因他文章惹出的紕漏，都讓我奔波爲他擺平。

CASE
05

處理劉宜良，為何要立案？

　　按照國史館 2021 年 2 月，出版《戰後臺灣政治案件：江南案史料彙編》（全三冊），情治單位對劉宜良之監視及其互動。

　　自 1973 年 5 月 2 日開始，至 1984 年 10 月 1 日為止，該書出版單位，選擇性公開 36 件從機密到絕對機密等級，包括行政院、國安局、情報局、調查局、特情室、外交部、國民黨中央黨部等單位，針對劉宜良的情蒐、分析、處置、建議及過程。（P3 ～ 124）

書名《戰後臺灣政治案件：江南案史料彙編》，全書一套三冊，發行於 2021 年 2 月。
出版單位：國史館、國家人權博物館。

（1）1973 年 10 月 4 日，行政院院長室以「交辦案件通知單」，告知外交部沈昌煥部長，據報：

香港《南北極》雜誌，第 38 期（8 月 15 日出刊），署名薛光復（《台灣日報》駐美記者劉宜良之化名，筆名江南）撰文攻擊駐美大使館、沈劍虹大使、胡旭光公使、陳衡力參事，劉某掌握館內秘密宣傳經費，總統補助大使特支費，被少數官員私下據為己有等情事，揚言將一一揭發。

另：劉某與匪在華府統戰份子龍繩文（前雲南王龍雲之子），交往甚密，為匪利用可能性甚大。

除經我有關人員，函請對劉某熟稔人士，疏導勸阻外，請查照研究。

（2）1974 年 2 月 18 日，國安局長周中峰，以私函名義，請駐美採購團長溫哈熊，運用師生情誼，就近再予疏導。

（3）1974 年 3 月 1 日，《台灣日報》向文工會報備，解除劉宜良駐美特派員身分。

（4）1974 年 3 月 7 日，國民黨中央文工會吳俊才主任，函海工會陳裕清主任，副本送國安局周中峰局長，警備總司令尹俊上將：以劉某以國人為敵，至為明顯，可否由貴會，協調外交部，對其在美護照與身分問題，加以處理。（吊銷護照，列入黑名單）。

（5）1975 年 8～9 月，劉宜良第一次申請訪問大陸，返回美國後，調查局翟牧與劉宜良是幹校新聞系同班同學，

在美與劉晤談後，調查局長沈之岳於 1976 年 6 月 28 日，有一份完整報告，函送國安局，內容包括：

　　1. 共產黨人很佩服我這支筆，蒐集我所有文章，包括《台灣日報》，剪輯成冊。

　　2. 劉要求見周恩來，被拒。

　　3. 劉曾在美國國務院，兼過一陣子差事。俄國人對他有興趣，曾經密洽邀他赴俄國。

　　4. 我反台灣立場太明顯，台灣方面一定不會原諒我，我也不求諒解。

　　5. 叔叔劉道平，曾任幹校印刷廠廠長，嬸母逝世，王昇著人送奠儀一萬元，家叔寫信告訴我，我即寫信致謝，但他不敢給我回信，可見恨我之深，證明我很有份量。

　　翟牧回國後，曾將上情向王昇將軍報告。

　　（1）1976 年 7 月 8 日，國安局依據調查局翟牧報告，強調劉宜良極想返台探親，建議透過叔父劉道平關係，予以疏導，案由局長王永樹批示「不准入境」。

　　（2）誰會想得到？

1954 年 1 月 6 日劉宜良就讀政工幹校 2 期新聞系，畢業

典禮當天，毆打隊職幹部，被當時校長王永樹「勒令開除」。

當時政工幹校才由經國先生創辦，新聞系匯集學校菁英，二期學生參加東山島戰役，韓戰一萬四千名反共義士，返台清考工作，而劉宜良為了不肯下部隊，不惜於畢業典禮當天，做出犯上、毆打隊職官這等重大事件；經國先生和校長王永樹將軍，怎麼會不印象深刻？

想不到的是，22年後經國先生當上行政院長，王永樹將軍成為國安局長，以他們兩位對劉宜良的瞭解，是冥冥中「巧合」兩字，能夠解釋的嗎？

（3）1977年汪希苓擔任國安局駐美特派員，曾經奉王永樹之命，透過中國時報駐美特派員傅建中先生安排，看看是否能夠勸說劉宜良停止寫《蔣經國傳》？

理由是當時中華民國，需要國際支持和海外團結，劉宜良寫的傳對經國先生形象，影響太大。

汪希苓先生在《忠與過》，書中提到，「劉宜良當時還不錯，說他會儘可能避免批評政府和蔣家」。

事後，卻向情報局在美國專責和他有交情的林郁民說，汪希苓約他見面，「一杯咖啡待客，談話又無一絲誠意，怎麼會憑汪簡單一句話，就停寫蔣傳？」。

　　（4）1983年7月24日，美國中文《論壇報》，在阮大方（前《中央日報》社長阮毅成之子）堅持下，開始連載劉宜良的《蔣經國傳》。

　　之後，台北方面，黨、政系統及各駐美單位，忙到雞飛狗跳。

　　同年11月，汪希苓先生結束國安局特派員在美國的工作，被任命為情報局長。

　　「江南案」正式開始，是汪希苓上任後一項急待處理的重要工作。

拼圖十三

情報　國家　間諜
情報人最怕「沒有擔當」
的長官

《孫子兵法》經典 13〈用間篇〉，
深受外國情報單位矚目

　　1982 年，中華民國在歷經中美斷交，第二次石油危機，巨大衝擊下，運用情報智慧，得到經國先生全力支持，我們以全面情報合作，和沙烏地阿拉伯簽訂「大理石專案」，穩定國家石油來源。國安局王永樹局長在利雅德近郊山頂，和親王持金刀圍著中央，燒烤全羊跳舞，一口吃下親王奉上的羊眼睛，山腳下一個營的裝甲護衛車，直升機另傍待命警戒。

　　國家安全局卯足全力，簽下大理石專案的合約，穩定國家經濟發展，以及往後 30 年，我們在中東地區的國際關係。

　　那段時間，是我們國際地位最慘的時候，和南非、以色列、巴基斯坦，共被列為國際外交孤兒，私下卻和南非、以色列情報機構，建有良好、密切的合作關係。

　　在我業務範圍內，舉兩個印象深刻，發生的故事：

　　當時接到派駐在賴索托教官的情報：政府軍和南非部隊，擊落叛軍武裝直升機，機上配有最新式飛彈，經過查證，知道是薩姆七式飛彈。

　　我們透過南非情報局長首肯，要到完整一枚飛彈，透過縝密的計劃，突破各種封鎖，把這枚薩姆七式送到我們中山科學研究院，拆解研究，對我們的天弓飛彈系統，有著突破性的進展。

　　當時為了感謝這項大禮，我們和南非代表，多次商討，想像不到的是，巴納德局長想要的一份禮物竟然是：

　　《孫子兵法》〈用間篇〉的其中兩段：

故 用間有五
有因間、有內間、有反間、有死間、有生間
五間俱起，莫知其道，是謂神紀，人君之寶也。

故 三軍之事，莫親於間，賞莫厚於間，事莫密於間，
非聖賢不能用間，非仁義不能使間，非微妙不能得間之實，
微哉！微哉！無所不用間也。

　　巴納德局長親自表達，希望我們把這兩段話，以中、英文對照方式，鏤刻在大理石上，他要放在該局大樓，正門入口處。

　　孫子被稱為「兵聖」，兵法總計 13 篇，菁華在第 13 篇：〈用間篇〉。

　　在《江南案拼圖》寫作過程中，一次又一次，經常出現

在我眼前的是「國家」，和許許多多投身「情報」路上的兄弟姐妹、伙伴們！

　　送給南非情報局，〈用間篇〉的這兩段；前段，寫我們這些情報人員，後段，寫國家、元首、領導人。

　　非聖賢不能用間，非仁義不能使間，深遠意義；有幾個領導人真正悟得其中真諦？看看江南案發生前後，所有當事人下場，這時候的「國家」呢？能不讓我們感慨萬千嗎！

親歷 K 方情報單位紀律嚴謹
反觀國內，感慨萬千

　　1983 年當時以色列情報單位，派有代表駐台北，我們以「K」方為代號。

　　當年雙邊情報合作會議，在台召開，我們一起在機場接機，原訂來台 3 人代表團，臨時多加一名，陪同接機的駐華代表，看見那位伙伴，臉色微變，K 先生另外向我們要求一輛車，直奔陽明山駐華代表官舍。

　　由雙方副局長主持的情報會議，進行到下午，K 先生進來，遞張紙條給副局長，會議尚未結束，副局長向我們私下說明，駐華代表因為帳目交代不清楚，著令立即打包回國。

　　這是以色列「莫薩德 Mossad」，之所以揚名國際，令人喪膽的原因，國家情報機構任務執行，靠的是：保密、效率、紀律和單一，充分的授權責任。

　　反觀江南案發生前、後，我們國家對案發後的處理態度？完全暴露出，經國先生晚年，後蔣經國時代，各單位、部門，在工作整合，指揮、機構、協調、命令下達上的千瘡

百孔，徒令情報局因為執行任務，變成眾矢之的。

1985 年 1 月 12 日

江南案發生 89 天後，經國先生下令汪希苓、胡儀敏、陳虎門停職，交國防部軍法局徹查。

1985 年 1 月 15 日

為因應美國調查小組來台，調查江南案，經國先生指定成立 5 人小組，總統府秘書長：沈昌煥、國家安全會議秘書長：汪道淵、國家安全局長：汪敬煦、國防部長：宋長志、參謀總長：郝柏村，處理本案。

全世界情報機構中，MOSSAD 令敵人聞風喪膽，紀律嚴明、手段狠毒暗殺、行刺、下毒，無所不用其極的國家情報單位。

面對國家大案，大官員們是怎麼建議、處理的？

1985 年 2 月 8 日經國先生同意，美方人員來台與汪希苓等人，見面談話。

1985 年 3 月 8 日美方 7 人調查小組，來台與汪希苓、胡儀敏、陳虎門等談話並測謊。

1985 年 5 月 18 日國防部高等覆判庭，核准汪希苓、胡儀敏、陳虎門刑期。同年 5 月 28 日，經國先生核准覆判結果。

從 1984 年 10 月 15 日，劉宜良在美國被制裁身亡，到一清專案逮捕陳啓禮，江南案爆發，美方介入，當事人一肩扛下所有責任，被判刑，這段過程，前後長達 226 天，沒有人會相信，這樣一件事情，處理完畢後，情報局長一個人，可以完全做主？

一個長期支領情報局的支津關係，長達十餘年時間，以不實撰文，公開汙衊元首，除了屢勸不聽外，還涉嫌出賣、誘騙上級同志，按照情工執行法，以制裁叛徒手段對付，何罪之有？

審判前後，只有陳虎門大聲說出：我們在執行國家交付的任務，何罪之有？

　　要經過 226 天，那麼長的時間，那麼多最重要的國家五大巨頭，研究不出一個保護國家情報人員的做法？讓人匪夷所思，這才是真正的問題。

　　美國專案小組來台期間，除了涉案 5 人之外，包括情報局荊自立副局長、郭崇信、盧梓竑處長外，總計約談人數高達 11 人，誰令致之？

　　我們國家從戴笠以來，建立的情報、分工、交通、部署、執行、權責、任務，像是砧板上的魚肉，任由美國人挑食，得來全不費工夫，這更是全世界情報圈中，最大的不可思議！

　　後蔣經國時代，是否對整體國家系統，已經失去思考和控制能力？

　　各權力人物，完全沒有為整體國家的尊嚴、未來，相互協調、團結一致為經國先生分憂解愁？

　　而共同把汪希苓、胡儀敏、陳虎門，推進火坑。陳啓禮、董桂森、吳敦、帥嶽峰，更成了替死鬼。

　　這個案子，所有的源由、前後、執行、處理，有誰知道？沒有個人恩怨，只是為了國家嗎？

謹註：支津關係是情報術語。指的是：情報人員所吸收的綫民，待試用、考核通過，俱備情蒐目標、路線、符合條件需要者。經過審核通過，正式列冊定案人員，成為「支津關係」，是有報酬的正式工作人員。但是不同於領國家薪水的正職人員。這是「支薪、支津」的差別。歷經多次事件後，現在情報、治安單位，已經把「支津關係」改為「諮詢對象」，其差別在於：是否固定支津。

汪希苓先生在他 90 歲生日前，告訴我兩件事情

第一件事情

1983 年 11 月 12 日，汪希苓先生返國接任軍情局長，翌日第二天，國安局長汪敬煦座車，載著兩人去總統府晉見總統，經國先生當著兩人面說：「要汪希苓先生在情報局好好幹，過陣子再接安全局長」。

晉見完畢後，大汪先生沒有等到小汪出來，一個人就先走了，汪希苓在總統府被放鴿子，自行回家。

兩週後，大汪致電小汪：要派馬端溥將軍為軍情局副局長。小汪回應大汪表示：沒錯，軍情局有一位副局長，是由安全局派任，但是是主管大陸工作的第一處處長，馬先生是第三處處長，他的專長是國內工作。

何況我剛才接任局長，這樣的安排，會影響本局同仁士氣，以及我的領導統御。

這個軟釘子的結果是？

一清專案，完全由馬端溥主導，第一時間，沒有抓到陳

啓禮，其他人都不准動。為什麼？

第二件事情

2011 年 9 月 17 日，汪敬煦先生逝世。

2016 年 5 月 30 日，Arthur 開始撰寫《劉大國民》，我們才有比較多機會，聽到和瞭解到江南案有關的一些事情。

2018 年汪希苓先生 90 歲生日，情報局的老朋友們，集結 12 桌在天廚餐廳，為汪先生祝壽。

之後我們一起在陽明山，文化大學附近的餐廳吃飯，那是先生第一次說道：

他在被關進監獄前一天，經國先生召見一個半小時，交代了許多事情，他一一記下來，之後他告訴經國先生，我明天就要被關進去了，經國先生說：沒關係，我已經叫人在寫「特赦」。

汪先生回去後，給虎哥打電話，告訴他收拾東西，明天就要進去了。虎哥問：關多久？

汪先生：很快就出來了。虎哥：我怎麼跟太太說？汪先生：就說你跟我去出差吧。

那曉得？關進去沒多久，經國先生驟然逝世，由此亦可證明，經國先生逝世，是自己也沒有想到過的事。

之後李登輝就任總統，經過兩度減刑，汪先生還是背上六年牢獄之災的紀錄。虎哥服刑兩年半後，回役復職。

　　汪希苓先生刑滿出獄後，蔣緯國將軍邀請汪希苓和陳虎門夫婦，在家設宴款待，進入大門後，緯國將軍深度鞠躬：謝謝你們為蔣家擔待。

　　2022 年 9 月，汪先生 94 歲壽宴後，我在臉書以及《忠義會訊》（第 91 期 10 月 31 日出版），希望汪先生能夠把入監前，經國先生一個半小時，所交代的事情，公諸於世，因為我們都想知道，那一個半小時的事情，應該才是經國先生，希望汪希苓局長，被特赦後，要立即去做的事情。這段內容才是真正攸關中華民國「國運」，蔣經國總統生前所想、做好的「遺願」？

　　文章刊出後，小汪先生罕見的打電話告訴我：1959 年，他奉派義大利擔任武官，當年才 30 歲，頭銜是「駐義大利副武官代理武官」。為此事，我在 2023 年 4 月出版，第 193 期《忠義會訊》，做出公開的道歉文。

　　之後，我們才有機會，談及一些較深入、幕後的事情。

　　1983 年，時任國安局長的汪敬煦（大汪）先生，要求駐美特派員汪希苓（小汪），成立「美華專案」由駐美各組，加強聯繫參、眾議員案。

　　小汪先生以駐美多年經驗，分析利弊以及反對意見，不為大汪先生接受，令他去向採購團長溫哈熊報告，被溫哈熊痛罵，並且一狀參到經國先生處。

　　接下來是「情報局長」出缺，發佈駐歐特派員李筱堯接

任案。

　　返國前，在向蔣夫人辭行時，夫人特別叮囑：「回去，國內需要你做事」。

　　也不知道是真疏忽、假疏忽？後來我才知道：

　　1974 年 1 月，汪希苓先生出任國安局副局長時，李筱堯先生在國安局二處（海外處），才是上校副處長。

　　小汪先生年輕、出道早，忠於國家，效忠蔣家，勤於任事，讓許多人眼紅，一直招忌！

CASE 05

汪希苓 vs. 錢復
義正詞嚴駁斥剛愎自用

　　小汪先生向我述說，他到美國後，如何直接進到 CIA 總部的經過和發生的事情。1974 年 11 月，當我們國家國際、外交處境最艱困的環境下，經國先生要他以「駐美參事」名義，主持對美情報工作，當面交付一項最重要的任務「美國何時與中華民國斷交」？

　　1982 年 11 月 29 日，錢復先生被發佈我駐美代表，他上任後第一件事，要求汪希苓先生，所有的事情，必須先向他報告，才能報回國內。

　　汪先生向他說：我的單位是國家安全局，如果你可以叫國安局下命令，要求我這麼做，我當然可以接受。

　　這件事令我想起：

　　1984 年美洲使節會議，在西班牙召開，錢復主持，當時我派駐西班牙代表朱國勳先生親口告訴我：

　　錢復一開始就向大家宣佈：我們新來一位特務，是西班牙代表朱國勳先生。

朱先生遭此羞辱，立即起身發言：

我的職務是由總統任命，情報工作是以前的國家任務，現在是外交部正式的成員。

就因為朱先生擔任過我們國安局海外處長、總統府交際科長、觀光局長，這麼豐富的涉外經驗的前輩，還要遭受如此自以為是，排外的言論，怪不得經國先生在得知，確定中美斷交情報時，召見錢復，他還信誓旦旦說：不可能！

這位號稱四大公子，把外交圈視為禁臠；所謂的才子，在李筱堯接任汪希苓後，一次華府內部主管會議上，國安局副代表謝鑄勳出席，被問代表呢？

謝答說：不知道。被錢復趕出現場。

錢復這樣的例子不勝枚舉，其中聯合報江南案20年特載一文中記載：

汪希苓與錢復交惡，這是很大的 Shock ！

郭冠英引述施克敏的話：

施：是因為吳澧培的事。

吳是總統府副秘書長吳釗燮的叔叔（現任的國安會秘書長），吳澧培是阿拉斯加州州長 Frank Murkowski 麥考斯基的好友，麥當州長，把阿拉斯加國民銀行讓給吳，後來吳賣了銀行，到加州開銀行，他支持台獨，上黑名單，不能返台。

麥考斯基當上參議員後，以吳不能返台為理由，表示不

好爲台灣說話。

錢復就報告給蔣經國，不久，解除吳的黑名單，可以返台。

此事，本屬安全局主管。

汪希苓看到：同意吳澧培返國的電報，就很生氣。

幾天後，在館內業務會議上錢復講完話，汪就舉手說：

前幾天，收到國內電報，台獨份子吳澧培可以回國。

此事沒有經過我，事前我不知道，顯然有人直接報回國內，這種事不可再發生。

錢復聽了，怒拍桌，咖啡杯都跳起來！

錢站起來說：

你是什麼東西！

在我面前講這種話！

叫他回去是我弄的。散會！

這段「很大的 Shock」，是施先生含蓄的說法，因為錢復直接以麥考斯基參議員的話，要求讓吳澧培可以返國的動作，抹滅國內政策上所有人過去長期的努力。在經國先生身體健康不好的時候，海外台獨的破口，讓國內外台獨勢力匯流，讓台獨士氣大漲，聲勢崛起，加速社會動盪，迫使後蔣經國時代，在重要事情上捉襟見肘，做出許多急迫、沒有步驟的決定，也加遽經國先生健康惡化的速度。

其實「台獨份子」被黑名單管制，被禁在海外的禁忌，

由於錢復自以為是的「突破」，讓所有國內、外，國安、情報單位，辛苦的作為全都泡了湯。

加上後來李登輝上台後的暗助，中華民國的正統地位，所有過去的努力變成白費，造成今天糾纏在「兩國論　一邊一國」，既不敢獨立，又不能獨立，自己叫獨喊爽的局面。

這是本文幕後，最大 Shock 的關鍵問題。

從以上這段，錢復一人，一手協助，挾洋助獨的經過，再看看他在李登輝、陳水扁、馬英九、蔡英文時代扭捏作態、沽名釣譽、自私自利的做法，「官位」從來不少一個，信手拈來都是有趣的例子：

他曾經建議：一位相約見面的國安高層，去找某位他的風水大師，幫忙選擇方位，這是他穩坐監察院長的竅門。

擔任「財團法人蔣經國國際學術交流基金會」董事長期間，籌建「七海寓所蔣經國先生紀念園區」時，放著那麼多、熟悉七海內部、經國先生和家人相處習慣的侍從、侍衛、管家，不去諮詢，不用志工，不與政治掛鉤，以「國際」之名，不參加經國先生在國內舉辦的任何活動。

連蔣萬安市長競選期間，以「家屬」名義，參觀「經國先生七海寓所園區」的活動，也被他們以不沾「政治」之名排除，這是錢復的命令。

而他在外交部長任內，一度傳聞將外放法國代表，外交部立即為他，在巴黎香榭大道，最精華的小圓環區，耗費鉅

資，租下超級辦公場所。後來因為他改放駐美代表，這棟大樓在租約到期後，代表處就換到便宜的 15 區，這就是錢復的外交部。

　　還是要感謝他，我在巴黎三年，沾他的光，在香榭麗舍大道上班，分享一段非常美好的時光。

　　這是我在寫本書的最後階段，接受 14 期王漢國學長，一份完整江南案 20 週年，彙整資料，讀完之後，恍然大悟。當年我們在海外處，設有專門的「團結專案小組」，配合沈君山的「團結自強協會」，專門處理黑名單、海外異議人士，專案降級列管、返回國內的工作，他們士氣高昂，國內國外、時常忙到睡在辦公室，打地舖、吃泡麵，加班到奮不顧身地步，結果呢？

　　一個吳灃培案，大家熄火，在看到這份報導後，掩卷嘆息，這難道不是後來「江南案」發生，讓中華民國的國運走到今天的重要原因？

　　錢復追求的是個人聲譽，打的是國家名義，卻不懂「國家」共同的利益，此點從後來李登輝、陳水扁、馬英九、蔡英文，一路上的作為，到蔣經國國際學術交流基金會，可見端倪。

　　為什麼？駐外單位，各行其是、各奉其主，甚至預算編列都各顯神通，在國外，代表處人員少，只有拉幫結派走關係，這其中唯一能夠直達天聽的單位，是國安局，所以汪

敬煦接任局長，在這方面一再要求我們駐外人員、各駐外單位，除非是叛國，不准有小報告。

這也是為什麼？1969年經國先生在北投政治作戰學校，成立外文系的目的，他希望培養一批，能夠執行「總體外交」人才，後來被迫放棄，因為比登天還難。

外交界，這樣自我標榜，自以為是如錢復這麼本位者，是少數，但是從江南案爆發後，以錢復主導種種發文，挾洋施壓，掌握不到真實情況，誇大其詞的做法，實在令人搖頭嘆息！

三個人的巧合，命運卻大不同

汪敬煦先生：1918 年生、汪希苓先生：1929 年生、錢復先生：1935 年生。

他們的籍貫，都是浙江杭州人，分別代表著那個苦難中國，各自奮鬥努力追求成為典型。

江南案，挑起所有責任的三個人被判刑：

汪希苓：判無期徒刑，經兩度減刑，執行將近 6 年，於 1991 年 1 月 21 日出獄，時年 62 歲。

胡儀敏、陳虎門：判處有期徒刑 2 年 6 個月。

1985 年 5 月 28 日入監服刑。

1987 年 5 月 28 日假釋出獄。

1987 年 5 月 28 日，國防部核定胡儀敏、陳虎門回役、復職生效。

這個案子判決結果，美方一位（ＣＩＡ）參與者，說下一句耐人尋味的話：怎麼判的那麼重!?

為什麼？所有參與審判的軍法人員，都升了官。

上左圖：汪敬煦先生 1918 年生，陸軍上將。
上右圖：汪希苓先生 1929 年生，海軍中將。
下右圖：錢復先生 1935 年生，外交部長。
巧合的是：他們三位都是浙江杭州人。

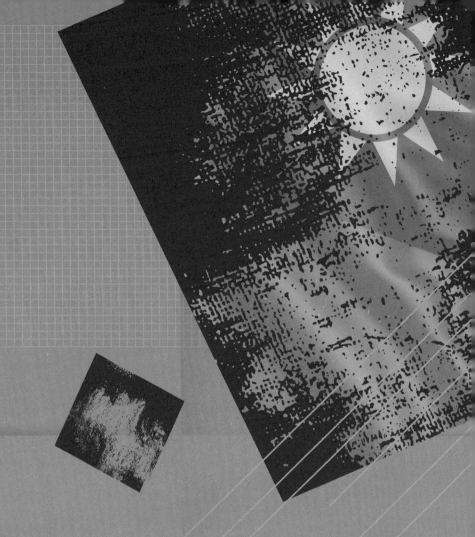

拼圖十四

汪希苓　陳虎門　小胡
一個人扛下所有責任
誰會相信？

情報人的認知、格局

我喜歡情報工作，是個極具挑戰、刺激、創意、膽識、精準的工作，不管在任何情況、環境下，都要達成「任務」，那是唯一目標，即便犧牲生命。

情報團體中，最重要兩個關鍵字「信任」，對長官毫不懷疑，對兄弟、同志毫無保留，那是情報信條：忠貞、忠誠為國家，可以前仆後繼的付出生命。

走上「情報」這條路，是冥冥中，命運、安排、注定的巧合嗎？現在回想起來，哪裡

由得了自己呢？大環境啊！

　　滾滾潮流中的國家，每個人都是螺絲釘，不同型號、功能、機械、品牌的組合。

　　「情報人」一生中，可能只做一件事，只等待一次機會，一輩子都不能說話，等在瞬息中「捕捉」剎那，這是個從古迄今，一直存在，不會消失，更無法消滅的行業，絕對不會有「重來」這回事。

　　在生命過程中，積蓄的經驗、人脈、關係，可能一生中，只有一次機會，可以用上，等待、耐心、耐性、守住、候著，「時間」一點都不是浪費，它是情報人，生活中的門裡門外。

情報洗禮識小胡，相知建立鐵桿情

　　1986 年我從比利時回來。1987 年 3 月 1 日，我選擇情報局的情報學校、山竹山莊、正規班，接受神聖的入門洗禮。

　　我們在那裡，親聆入區多次，王明教官教授情報技巧，每堂課都講到欲罷不能，開口都是驚險、精彩，拎著腦袋，在大陸、敵後，執行任務過程中，用生命、血汗、智慧，換回來的經驗傳授。

　　劉楓大隊長在緬甸，被打斷肋骨、倒吊、浸水牢，漫長不絕望，沒有密寫劑，靠著自己身體，做出密函，通報求救訊息的經過，他教授我們被俘經驗、審訊、逼供、反審訊課目。

　　命相學是專門課，教授易經、命理、面相、算命的李主教，說起話來慢條斯理，紫膛臉龐中，閃過收斂眼神。他教我們按骨頭斤兩，看人骨架，觀氣色，恬神魄，判危救急用哪招，那是祖傳累積的經驗，宋朝開始就在按骨頭論命，面相、命理是用在江湖中的掩護和保護。

　　當時我們同學中，有兩位，一位專攻易經、堪輿、風水，一位精研紫微，捏時辰，後來兩人都成為大師。紫微同學，涉天機太深，算出自己女兒劫數，用盡招術、方法，卻

嘆，躲不過天命！

　　所有最豐富的學習，來自同班同學經驗中，東南亞、日本、外派、電偵、監訊，做一輩子幕後無名英雄，他、她們都是令人最尊敬的情報人，有 8 位挑自陸、海、空、政戰、軍校優秀畢業生。

　　有的人以長時間，混成漁民，從渤海灣、東海，沿著黑潮流，漂浮海上三個多月，日以繼夜，蒐集大陸沿海水文、潮汐、天象基本資料，得到最年輕國軍英雄的殊榮。

　　我們同學中有升到中將、少將的，還有在俄羅斯客死異鄉，到大陸出任務，被俘歸來，而中途殞天的，更不在少數。

　　情報工作之所以能夠神通，是扎根在社會底層，瞭解百行各業，接地氣、微判斷，從而印證：教科書、學理、教授、博士們，無法判知，依據現實、常識，得知的情報，那份過程、道理叫做「珍貴」；最多的珍貴，來自師徒相傳、同學口述的經驗傳承。

　　那段時間相處，不僅吸收學習多，同學相處感情真的好，平常晚上有空，我們會到中國大飯店泡湯，華岡喝咖啡，收假前在中山北路會合，唱卡拉 OK，慶生會夜晚，在集合場拿著鋁碗盛酒，月光下圍著圓圈，以歌謠唱跳方式，玩「運將拳」一次次，把歡樂氣氛帶到高潮。

　　就在那裡，結識小胡，剛好我們是前、後任，同學選出的學員長，向校方爭取、維護、照顧同學們的權益，小胡最

夠力，反應快、是非分明、抓重點、行事仗義，最重要的是
「信任」，一個可以完全放心、託付、交代、大器的鐵桿兄
弟，那時候只隱約聽說，他和江南案有關。

40 年後，他第一次親口告訴我：

1984 年，江南案發生後，他才結婚四個月，立即被派往
泰國，接著越南。

1987 年，和我一樣，為了升上校，才到正規班補學歷。

我之所以能夠跨越「江南案拼圖」這道門坎，小胡當然
是關鍵，這個關鍵是從認識以來，彼此英雄相惜，絕對互相
維護、信任，所建立起來，不同於一般的感情。

美方兩度介入江南案及其準備工作

（1）1985年1月22日～30日，美方以「資料調查組」名義，由大理市警局刑事組長雷恩（Thomas Reese）及兩位聯邦調查局幹員，測謊技術員狄恩（Edmund Diem）、劉善謙（Anthony Lau，越裔美籍，翻譯）。

（1-1）三人分別拜會國安局、調查局，並與陳啓禮、吳敦談話、測謊。

（2）美方透過在台協會，索取8項資料，由我國安局統籌。

（2-1、2）包括：調查局、安全局、警總、警方之調查資料及報告。

（2-3）陳啓禮筆記影本。

（2-4）陳啓禮及吳敦任何口述、自白之書面資料。

（2-5）下列各人之陳述、自白資料影本：

汪希苓、胡儀敏、陳虎門、帥嶽峰、楊上校、白景瑞、陳啓禮妻（陳怡帆）、夏曉華、林文禮、郭處長（情報局三處）。

（2-6）訪談對象：

郭處長、夏曉華、荊自立、陳啓禮（妻：陳怡帆）、楊上校、白景瑞、朱國良。

（2-7）1984年11月20日，汪希苓答覆調查局，列舉問題之書面資料。

（2-8）情報局對陳啓禮，訓練過程之科目表影本。

國安局訂定之處理原則：

2-1～5項由軍法局協調後答覆。

2-6、7項由國安局二處包炳光處長答覆。第8項由外交部答覆。

反應提供書面資料者，均必須在美方與汪等人談話後，離台前，再行提供。

（3）美方8人小組，由司法部副助理部長李查德（Mark Richard）領隊，司法部內部安全部門主管馬丁（John Martin）、聯邦調查局華人事務組長萬德費，及其他技術人員共8人，於3月8日～3月21日來台，對汪希苓、胡儀敏、陳虎門等9人分別進行多次訪談及測謊。

由於「測謊」涉及「司法主權」，黨政高層均提出疑慮，但是五人小組成員，國安局長汪敬煦獨排眾議，主張接受下，經國先生同意美方來台訪談測謊。

調查故意引岔路，安全局有匪諜？

　　情報局傳奇人物——陳虎門。

　　大家都習慣叫他虎哥，他是我們這一代情報人員的傳奇、代表人物，江南案中最精彩部分，都在他身上：

　　1985 年 1 月 12 日，江南案發生後的第 83 天。

　　蔣經國總統下令，汪希苓、胡儀敏、陳虎門停職，交國防部軍法局徹查。

　　在未見公開的各種審訊前，第一次審問，是由調查局和警備總部共同組成的七人小組，由調查局三處為主幹，挑出 7 名最優秀的審訊幹部，每人針對一個主題，2 小時輪番上陣，疲勞審訊三天兩夜，每天問到晚上 12 點才准許睡覺。

　　根據虎哥描述：審訊七人小組提前到現場時，並不知道對象是誰？只見主事者，國安局三處馬端溥處長，以異常高興的表情，習慣性背著雙手，來回踱步，時而雙手在前，以手背敲著手心，口中喃喃自語：

　　好戲要上場了！好戲快上場了！

調查人員聽的清清楚楚，正在納悶時，報紙、電視上，熟悉的虎哥、陳虎門出現在現場。

大家不約而同的寒暄話是：您辛苦了，為國家擔待，犧牲這麼大，委屈你的地方，請忍耐，我們是不得已的公事公辦。

那曉得？調查人員一開始訊問的方向，居然朝著；

情報局主導的江南案，是否在搞小團體、培養勢力，為經國先生死後，做接班準備？

虎哥一聽就懂、氣到腦門充血，非常生氣，萬萬想像不到，他們會以這樣的方式，導誤整件事方向，還要設計圈套，誘導發言！

虎哥義正辭嚴的開口：情報局的任務，從老總統以來，唯一目標只有反攻大陸！

所有工作任務，都圍繞著中國共產黨，任何國內政權、工作，和他們沒有一絲關聯！關於這一點，是虎哥那三天最氣憤的事情，我們明明為國家做事，你們卻在懷疑我們目的在奪權!?

特別是用餐吃飯時，以犯人的方式對待，塑膠碗盤，極盡羞辱，這是虎哥當軍人以來，從未受到過的待遇和侮辱！

第一個夜晚，在浴室，蓮蓬頭熱水沖下的同時，虎哥放聲痛哭，委屈的淚水再也洗刷不了心中的冤屈！

這是他生平唯一的一次！

當主題被破，後續發展就緩和、輕鬆些，一支接一支的香煙，讓監視器拍攝畫面，如在森林迷霧中，傍晚將近結束前休息時，兩位年輕的調查人員，冒出一句話：這個案子，安全局一定有匪諜？

3個人協議，手心寫個字，避開監視器鏡頭，兩個寫：馬，一個寫：汪，3個人笑聲中心照不宣，其實參與的當事人，哪個心裡不明白？甚至流淚扼腕。

作者註：

對虎哥的這段問話，應該才是「江南案」，全案的核心問題。

你相信？調查局的審訊幹部，會自作主張，提出這樣的問題嗎？誰會？誰敢？

在後蔣經國時代，最關心這個問題？是經國先生交代、成立的5人小組，他們研議？想要得知的答案嗎？如果不是他們？幕後還會有誰？最關心這個問題？

蔣家人嗎？還是國際勢力？

這是「拼圖」作者最大的能耐，其他想像空間，留給讀者。

虎哥與美方交手：精彩

　　在國史館公開美方8人小組，在台灣訪談記要中，記錄虎哥是唯一連續三天，訪談篇幅高達39頁，對談攻守過程，至情據理，直言不諱，有禮有節，包括測謊結果，充分彰顯情報局人員秉持戴笠精神，令美方讚佩的優秀情報員。

　　茲舉幾則對話過程中的花絮，和大家分享：

　　（1）一開始，美方按照美國法律，宣讀對象權利，願不願意請位律師？

　　虎哥回答：你們說我可以請一位律師，我就要請一位律師，你們說不可以請律師，我就不請律師。

　　此話一出，讓美方人員暫停，離席5分鐘討論後，按照我國軍事審判法規定，回應繼續進行。

　　虎哥特別聲明，我是中華民國上校，你們言詞要尊重，不可以冒犯我的軍人尊嚴。

　　（2）虎哥誇讚美方人員，個個帥氣，像好萊塢電影明

星賈利古伯，透過翻譯，現場人員大笑，氣氛頓時和緩。

（3）講到「教訓、制裁」，虎哥拍桌子！告訴美方：

「教訓」中文，是言語技巧表達，中文意思是打一頓，嚇嚇他，就像我拍桌子，嚇你們一樣！

什麼叫做「情報」？你們知道還有「反情報」嗎？殺死他有什麼用？最好的方法是吸收過來，為我所用，叫做反情報。

（4）最後一天做測謊，面對2位美國心理學博士、測謊專家，虎哥過去看看他們的機器型號，美方專家問為什麼？

虎哥說：你們的機器比較新，我們的比較舊，我在局裡也負責這方面工作。

虎哥還催他們做快一點，因為要趕回去看「世界拳王爭霸戰」，美方說：可以看錄影帶，重播啊？

虎哥回說：那有這種好事？

我現在是被關在看守所，犯人啊！

虎哥的實話實說，直來直往，機智問答、反應、拒絕，進退有據，贏得美方尊敬，而他也是唯一通過測謊的人。

虎哥版本；這些年當中，有關江南案件，我和虎哥的記述、答問

虎哥版本

（1）和虎哥結成比較沒有距離的關係，當然是因為小胡，那段時間，他擔任忠義同志會會長，他的哥哥陳虎符，是政工幹校、9 期同學會、會長，我擔任復興崗校友會長任內，不管是 800 壯士、各種街頭活動，我們兩會，都會就各種資訊、交換意見、分擔角色、相互支援。

（2）「忠義同志會」是以情報局退休人員為主體，吸收包括理念相同的社會人士，組織遍布全省，有會所、各縣市分會，有定期刊物、宣揚戴笠精神，包括定期舉辦活動，是所有退伍軍人組織中，相互聯繫、扶持、相助，最團結，具備傳承精神的社團組織。

（3）1986 年元月 13 日，經國先生召見汪希苓，從總統寓所出來後，即電話打給陳虎門，此時虎哥和同學，正在牌桌上打麻將，電話那頭，小汪先生告訴他：

要他收拾些衣物，明天要關進去了。虎哥問：關多久？

小汪先生：沒關係，馬上就出來了。

虎哥：那我怎麼跟太太說？小汪：就說和我去出差吧。

掛上電話，虎哥面不改色，什麼也沒說，繼續打牌、把麻將打到結束。

關進去之後，新聞見報，其他三個和虎哥一起打牌的同學痛罵：這麼大的事，居然還若無其事，繼續打牌！

最重要罵的是：不夠意思！連這麼好、在一起的同學，都不露一絲、半點口風！

（4）講到陳啟禮、帥嶽峰在山竹山莊，由他專責、輔導、訓練過程。

有一天他們三個人在電梯中，帥問虎哥：你知道我們是誰嗎？

虎哥：不知道。

帥說：他是鼎鼎大名，竹聯幫幫主、扛霸子，綽號鴨子的陳啟禮。

虎哥：我真的不認識耶！

按照情報局、情工手冊規定，在單訓所受訓人員，都只能用化名、代號；上課期間，你只知道、聽到授課內容，雙方都有專門面罩，只露出眼睛。

（5）2024年初，在我《江南案拼圖》，寫作超過三分之二時，我們才有比較直接的談話。

按照虎哥說法，本案在美國處理後，同意陳啓禮帶著董桂森（小董）吳敦，一起回到台北。

虎哥和小胡去接機，當時機場氣氛就不對勁，虎哥持公務證，接到陳啓禮、董桂森、吳敦出來時，就有刑警想要攔阻，被拒絕。

車行高速公路，一路有車尾隨，後來小胡乾脆把車彎上林口交流道，開上大路邊，停車後，反攔下跟車問：為什麼跟蹤？

對方表明身分是刑警，反問車上載的是什麼人？

小胡出示證件，告訴對方，載的是情報局工作關係。虎哥也下車，出示證件，要求他們離開，放棄跟監。

當時回來三人中，以小董最聰明、反應最快，他直覺說：有問題！回到台北，沒多久，小董就斷聯，潛逃出境，去了菲律賓。

按照軍事情報學校，專勤任務受訓規定，奉派任務人員，在受訓前至少1～3個月，必須住進「山竹山莊」單訓所，斷絕所有外界關係與通信聯絡。

任務執行完畢，立即送回單訓所，也是1～3個月，回來後，要立即將任務執行經過，撰寫報告送審，並做歸詢、

清考工作。

另外一個重要原因，是觀察案後外界反應，期間也是絕音斷訊，讓消息在保密情況下，無法追蹤，簡單說就是以斷訊手段，來保護執行完成的情報任務。去（2023）年中秋節前，我以這個一直存在心中的疑惑，面詢虎哥，他的說法是：心想回到台灣就安了，還有什麼問題?!

今年我再度提出這個問題時，虎哥說了實話：我們提過建議，但是都被否決。

我乾脆再問：以前情報局做案子，很少失敗、曝光過，這個案，為什麼會做到漏洞百出？

虎哥：以前我們的案子，都是：目標設定後，由下往上簽，過程中，會請相關部門、單位，就目標對象、執行方法，提供意見，大家都清楚瞭解，各自角色和該負的責任，共同口徑、對外說法、執行做法、完全一致，等到上級裁示、決定後，執行起來，當然不會出事，不會有問題。

那這個「江南案」呢？是由上級往下交辦，我們提出問題、意見，多半都被否決。

筆者認為：這才是重點！

（6）決定要制裁，是什麼時候？

當初陳啓禮、帥嶽峰，在原訂規劃、計劃，4天半傳授

課程中，是以如何在美國，以「華青幫」關係，聯絡、吸收，大陸赴美：留學、高幹子弟，加以訓練後，回到大陸發展敵後組織，滲透、蒐集情報等為主要課程。

「制裁」劉宜良，是最後一天，臨時奉汪先生命令，將「如何制裁」排進課程，所以這個訓練真正實施是 5 天半，我們最後按照「情報局業務手冊」，設定各種不同、可能的變化，教授執行制裁手段。

這件事，我聽過最早說法：剛好！也可考驗陳啓禮、帥嶽峰的膽識！

（7）任務執行完畢，到底有沒有往上呈報？

1984 年 10 月 22 日上午，情報局長汪希苓親自向國安局長汪敬煦報告：江南案制裁行動完成，陳啓禮等人返國。

大汪：喔！回來啦！要求提交書面報告。

此一報告完成後，由陳虎門親自送交：國家安全局汪敬煦局長、國家安全會議汪道淵秘書長。

從這些未曾曝光的實情看來，上層、高層，焉有不知情的道理？

一段有趣的時間序

江南案從發生日起，到經國先生核覆決定為止，本案前後三階段，耗時 226 天。蔣經國總統在考慮什麼？

（1）第一階段：關鍵的 28 天
1984 年 10 月 15 日，江南案在美國舊金山發生。
10 月 21 日陳啓禮、董桂森、吳敦返回台北。
10 月 22 日汪希苓向汪敬煦報告。
11 月 12 日國安局發動「一清專案」，逮捕陳啓禮。

（2）第二階段：案發後總計 90 天（整整三個月）
11 月 15 日，警備總司令陳守山，向經國先生報告：情報局涉江南案。
11 月 16 日經國先生先見汪敬煦，後見汪希苓，兩位局長。
1985 年 1 月 12 日，經國先生約見汪希苓，兩人晤談 1.5 小時。
1 月 13 日，汪希苓、胡儀敏、陳虎門三人，被軍法局約談留置。

（3）第三階段，審判：美方來台、軍方、司法，協助、審訊江南案，從民國75年1月15日開始，到5月28日止，總計耗時123天。

1月15日，經國先生罕見的，為因應美方來台，調查江南案，指定：總統府秘書長沈昌煥、國家安全會議秘書長汪道淵、國防部長宋長志、國家安全局長汪敬煦、參謀總長郝柏村5人小組專責因應、處理。

（4）3月8日美方8人小組抵台。

3月22日0930時，美方調查人員與白景瑞談話紀錄。

依據國史館出版，《戰後臺灣政治案件：江南案史料彙編》（二）P1374～1387，總計12頁筆錄資料。（案件等級：極機密，被塗銷。）

（5）同案次頁，公開國安局駐美特派員，依據錢復代表於3月21日（兩地時差？），美方李查德代表，返美後已就劉案向司法部，提出報告。

美國政府現就該報告結論，正式向我方表達8點意見，以及預言我方審判結果，應與美方一致……否則……。

本件由國安局駐美特派員室，以「極機密、即到即譯」方式，所呈3頁報告，根據內容劃線筆調、註銷部分，以及兩地時差，內容真實性，都出現極大異常現象。

附註：

本件極機密電文，中、英文版本 3 頁，被國史館編排於白景瑞與美方談話資料之後，做為《戰後臺灣政治案件：江南案史料彙編》（二）的最後結尾。

但是在「時間」問題上，只要做過工作的人，都瞭解，根本就是不可能的事！

難道當時的駐美代表，在美方代表團返國，才抵達就毫不保留的，把經過內容，報告、建議、決定，在沒有上級同意下，就立刻先向我方透露？而新上任的國安局特派員，想也沒想過？就直接轉報國內？

之所以把這段背景，拼圖在這篇文章中，是想讓大家瞭解，為什麼這個案，這麼一段經過，經國先生要拖到123天？

他最信任的人，挑負所有責任，而各種流言毒語，來自四面八方，身體健康情況那麼差，心情壓力更是大到沒有出口，他到底該怎麼處理？

只一個人扛下所有的責任！
誰會相信？

　　這麼大的江南案！只有汪希苓先生一個人扛下所有的責任？

　　我仔細整理過汪先生過去的輝煌經歷：

　　15 歲：響應「10 萬青年 10 萬軍」，考入海軍，赴美受訓 1.5 年。

　　25 歲：上尉艦長，當選國軍戰鬥英雄。

　　30 歲：奉派義大利海軍武官。

　　35 歲：擔任蔣中正總統海軍武官，長達 6 年。

　　41 歲：晉升少將，奉派駐美海軍武官，前後 4 年。

　　45 歲：升任國家安全局副局長，同年底，奉派美國，以外交部參事名義，主持對美國情報工作。

　　50 歲：晉升中將。

　　54 歲：11 月出任情報局長。

　　56 歲：元月因江南案被捕。

　　62 歲：元月出獄。

以汪先生這麼輝煌的前半生，對照一個人扛下：所有江南案發生後的責任？

這40年來的日子、歲月、他、和妻子、兒、女，是在怎樣的煎熬、心情、面對下渡過的？有誰想過？

這是在我寫作《江南案拼圖》，過程中再三斟酌，不能、不願、更不敢，去觸碰先生心裡的那塊「沉重」，因為沒有任何一個人，能夠開口要求汪先生：開口說？

解密江南案？問號中蛛絲馬跡探得真相！

所以在過去15年，歷歷可數的記憶中，我和汪先生針對江南案，有過清楚的對話：

（1）在我卸任「長春藤聯誼會」會長時，帶著當時的助手鄒美仁、凌錫忠，一起到汪先生位在陽明山的住處，去拜訪，把那段累積在心裡，很久不敢問大汪，汪敬煦先生的話，轉問於汪希苓先生：

到底江南案是怎麼發生的？

汪先生：我回來接情報局長的第二天，汪敬煦局長載我去見經國先生，經國先生當著我們兩人面說：要我好好幹一陣子，再去接安全局長。

沒想到，出了總統府，大汪先生丟下我一個人，自己先跑了。

在後來陸續補充，完整的版本是：

剛從美國回來的第二天，還沒有車子，汪敬煦局長安排，他的車子來接我，一同前往總統府，晉見總統。

經國先生說過那段話後，晉見結束，小汪先生和幾位熟識的朋友，打完招呼出來後，大汪先生早就不告而別，丟下他一個人，叫車回去。

（2）事隔不到一個月，大汪先生打電話給小汪局長。我要派馬端溥到情報局，擔任副局長。

小汪局長回應：

不錯，情報局有一位副局長，是由安全局派任，那應該是掌管全國大陸工作的一處處長，馬先生的專長，是國內工作，並不合適。

何況我剛才接任局長，若答應這樣的人事安排，會影響我的領導統御。

謹註：

之後的「一清專案」，由馬端溥領導的國安局三處發動，首要緝拿對象：竹聯幫的陳啓禮。沒有逮捕到旱鴨子，其他人都不准動！這是所有參與者都知道，不是秘密的機密。

（3）當小汪先生決定，一個人扛起江南案，所有責任

時，經國先生指定「五人小組」，因應、統籌所有對外發言，並討論以怎樣的「罪名」，用在他身上？

大汪先生建議朝「緋聞」方向，這件事遭到汪夫人堅決反對，因為這是一輩子也說不清楚的事情，絕對不可以。

（4）2023 年 8 月 28 日，因為 9 月初汪先生的生日宴，無法參加，所以和妻子提前到家，向汪先生拜壽，當時我的《江南案拼圖》，才寫完 3 篇，汪先生急著想看，我請他不要急，唸出第 2 篇結尾給汪先生聽，「江南案 5 大影響」？

改變中華民國的國運。

全世界情報圈最複雜的三面諜案。

中華民國的情報工作從此走下坡。

對海外華人的心理影響。

徹底改變台灣幫派生態。

結論──汪希苓先生說：這就是中華民國的國運。

難得見到汪先生，開心的笑容，他說：寫完一定要給他看？

我說：當然！一定會請您、虎哥、小胡，先看完後，有什麼需要修改的地方，我再繼續努力完成。

其實我真正的希望是：

汪先生可以披露，他在被關進監獄前一天，經國先生到底交待他，什麼事情？

（5）今年 2 月 22 日，忠義同志會新春團拜餐會上，汪先生終於告訴我：

他被關之前，經國先生召見他，特別交代：

「你在美國經營，重要的關係，要好好繼續保持」。

（6）有關劉宜良被下令制裁，我們談最多的一次，是去年 8 月底，在華岡附近餐廳：

「劉宜良是情報局，正式支津關係，每月 1000 美元，拿我們那麼多錢，言而無信！還騙我們，一而再三的叛徒，太可惡了！」汪先生談到這件事情，內心仍然難掩不平的憤慨。

我把劉宜良的舅子，劉石和劉宜良談話，提到劉宜良總共和吳國楨見面 6 次，吳才去世，劉就漫天開價，要出《吳國楨傳》，特別要著墨在吳和蔣夫人的緋聞上……。

小汪先生，脫口說出：

就是這件事！

讓我下定決心制裁劉宜良！

筆者註：

1. 劉宜良案判決結果：

不僅讓美方情報人員，對刑期之重，感到詫異！

甚至有國際同行問到：

你們的國家，到底發生什麼事了？

國內許多熟悉朋友們的疑問？

「怎麼回事啊？以後到底怎麼幹？還要繼續做嗎？」

2. 在圈內談到劉宜良這個人時，共同的結論：

2-1. 全世界沒有任何一個國家的情報單位、機構，有這樣的案例和判例。

2-2. 全世界沒有一個情報機構，允許「叛徒」存在，更何況是「三面諜」。

2-3. 全世界也沒有任何一個國家，會讓國家情報人員，受到公開審判！

左圖：2022 年新春團拜，汪希苓先生出席，陳虎門將軍擔任忠義同志會會長，合影於天廚餐廳。
右圖：2023 年農曆正月初五，大家一起為汪夫人慶生並且拜年。

上圖：2023 年，我們一起為汪希苓先生賀 96 歲嵩壽。

中圖：2023 年 3 月 17 日在台北市國軍英雄館參加忠義同志會舉辦 317 紀念戴笠先生活動。

下圖：2023 年 1 月 13 日經國先生逝世紀念日，李天鐸擔任復興崗校友會長，在台北市大安森林公園舉辦「走過璀燦 紀念經國先生音樂會」，邀請汪希苓先生致詞。

拼圖十五

陳啓禮　小董　吳敦
竹聯忠義天道還
浮雲散去明月來
17年拼圖　終見日

啓節秉乎天　人從俠道　知忠蓋
禮失求諸野　夢斷關河　望竹林

張大春 作

　　這是 2007 年 11 月 4 日竹聯幫精神領袖陳啓禮，在台北大直出殯，靈堂上唯一一幅輓聯！

　　17 年前，這幅輓聯啟迪我：去瞭解江南案，究竟是什麼原因？為什麼發生？

　　湊巧的是，這些人、那些事，都在我周遭、身邊，陸陸續續出現，我一點都不敢大意，仔細的聽、不斷筆記、蒐集資料、閱讀、前前後後思考，終於在 2023 年 8 月 18 日，完成《江南案拼圖》的第一篇。

　　為什麼？在近 10 年和汪希苓先生，包括夫人和家人往來中，汪先生真的老了，但是他的思緒清晰，對國事的關心一直沒有改變。8 月下旬是他的生日，今年 10 月 15 日，是江南案發生的 40 週年。

　　浮雲散去明月來，17 年拼圖終見日！

　　就讓我把這 17 年當中，一點一滴累積起來的「拼圖」，和大家一起分享！

上圖：陳啓禮服刑
結束後，經營「泉
安公司」消防器材，
接受媒體訪問時拍
攝。

下圖：陳啓禮在柬
埔寨時，接受《時
報周刊》專訪照片。

中央指示：運用幫派份子力量，拓展大陸敵後工作

　　1983 年，我在安全局海外處第三科，負責歐、非、中東地區業務，兼責處內、外國民黨黨務工作。

　　奉國民黨「中央大陸工作委員會」，會報決議事項，交付從政單位執行。國安局分配「洪門」，在台開山堂，以海外組織力量，協助推展大陸工作。

　　情報局分配勢力最大的「竹聯幫」，目標鎖定海外「華青、福青」，以及大陸在海外的富二代、官二代為對象，吸收、組織、滲透，執行大陸工作。

CASE 02

劉宜良搖擺三面諜變色龍，
杜撰惡文、勒財圖利，狂妄難容

　　若非夏曉華，若非情報局，劉宜良一再以這份「夾層、隱晦」關係，杜撰、誇大、渲染公開的寫作文章，令人側目，藉此滿足他以自我、狂妄、不平衡、兩種極端的個性，並且勒索取財。

　　要知道，劉宜良取得「台灣日報駐美特派員」名義，交換條件是：不支薪，沒有辦公費，沒有稿費條件下，在華府立足；兩年多，取得碩士學位，再赴舊金山，開禮品店。這樣具備掩護性質的禮品店，是情報單位慣用的手法，通常是個據點或站。

　　在那個年代，劉宜良以這樣的方式，出現在新聞界，搖擺在僑社，誰不怕他？誰人不忌諱，他背後情報單位的關係？

汪希苓主持國安局對美情報工作9年，怎會不知劉宜良「情報局」背景？

　　當時國安局、情報局，兩者在海外工作方向、目標，互不相屬，各有路線。既便是汪希苓，也不會完全瞭解劉宜良和情報局的關係。

　　汪先生還曾經奉王永樹局長命令和劉宜良面談，印象深刻。

　　在他接任情報局長後，知道劉宜良的問題，非解決不可，所以刻意迴避副局長荊自立、夏曉華、林郁民這條線，啟用胡儀敏，調來完全沒有淵源、執行能力第一名的陳虎門來從事本案。

　　汪先生是按照情工手冊規定，對待「叛徒」制裁手段，期能重振紀律，維護家風，於是「江南案」發生。

　　制裁劉宜良，剛好測試一下幫派人的膽氣。

CASE
04

後蔣經國時代的權力鬥爭，忠誠人竟扛全責，家人忍辱情何以堪？

　　這是當初萬萬想不到的事情，事實證明，從 1981 年開始，經國先生的健康情況，已經大不如前，接班、未來問題，一再受到外界質疑和挑戰。

　　汪希苓先生一直被經國先生倚重，也飽受各種流言中傷，更因為長期在國外工作，江南案是個導火線，背後一清專案的設計，才是重點。

　　以汪希苓先生對蔣家的忠誠，他一肩扛起所有責任，這漫長的 40 年，竟然比之前的歲月更加煎熬，他和家人靜靜的伴隨走過來。

　　這樣天與地、天上、人間，落差這麼大的待遇，在經國先生驟逝後，誰有想過？ 40 年，這家人的日子，怎麼過來的？

陳啓禮仗義除奸，角色，引起回響

　　我不寫竹聯幫，因為整齣戲、包括竹聯，就是一個旱鴨子：陳啓禮。他獨特的領袖氣質、反應、機智，在執行「制裁江南」過程中，應該是得到國家勳章獎勵，卻在完全想像不到的情況下，被做成陪葬犧牲品，包括追隨他的小董、吳敦、白狼。這是後蔣經國時代，一齣最醜陋、沒有人性的宮廷戲。

　　我可以想像：

　　竹聯幫主和最神秘的情報局長見面。

　　竹聯幫可以為國家做事，為國家立功，接受極機密任務，接受想像不到的情報訓練，竹聯幫不再是街頭幫派，所有的竹聯兄弟，都會因為我們為國家除奸，而抬頭挺胸！這等的際遇，何其珍貴？

他們和竹聯幫的故事

文／廖磊燦・陳東豪・

上圖：陳啓禮和吳敦年輕時候的照片。
下圖：董桂森（小董）生前照片。

選擇性公開的江南案史料彙編，珍貴僅三篇，卻疑竇叢生

我之所以會這樣去想，是因為民進黨執政，所謂的「國史館、國家人權博物館」，於 2021 年 2 月，把所有涉及江南案件，國安局、調查局、外交部、情報局、特勤室、中央黨部的往來機密、極機密文件，一股腦做選擇性的印刷、出版、發行、公開。這三大本書，定名為：《戰後臺灣政治案件：江南案史料彙編（一）（二）（三）》。全套書總計 2023 頁。

我花了 49 天仔細讀完，最珍貴的收穫，只有三篇記錄文章：

（1）調查局翟牧同志在美與劉宜良晤談情形，國安局幕僚建議處理結果。

時間：1976 年 7 月 15 日簽核。

重點：這是劉宜良 1975 年 8 月，第一次以作家身分，赴大陸訪問 1 個月，回到美國後對大陸情況，最直接、全面、具有參考價值的報告，也提出他想要返台探親的願望。

　　因為翟牧是他政工幹校、新聞系同班同學。

　　本案奉當時國安局王永樹局長批示：不准入境。詳情請參閱：《戰後臺灣政治案件：江南案史料彙編》第一冊 P34 ～ 47。

　　（2）陳啓禮獄中陳情信

　　這封沒頭、沒尾、沒有時間、署名、對象的信，被夾帶在：《戰後臺灣政治案件：江南案史料彙編》第三冊。

　　柒、司法審判：陳啓禮、吳敦。P1912 ～ 1927。

　　據：本書第一冊，導言中有謂：陳啓禮在獄中陳情信，出自 1987 年 11 月 25 日，吳敦之父吳家齊，寫信給台灣高等法院檢察處，希能准予再審或非常上訴所附。

　　這樣一篇：有血有淚、完整敘述被逮捕、押解、過程、實情、經過，以及在美國聯邦調查局派員來台前，當局提供海內外報章雜誌資料，要陳啓禮研判，美方是否掌握證據？

　　陳啓禮提出 4 個方案及優缺點分析，結果當局竟然會照他所寫，最不好的第 4 方案進行，把全案帶入「絕境」。

　　按照陳啓禮斑斑血淚的陳述，這根本不是一封信，國史館不敢完整公開，去頭去尾，沒頭沒腦連時間都不敢押註，還把它混藏在一起。

　　根據結尾，陳啓禮寫道：

　　至誠的盼望你轉達我們的心願。 祝　　崇安！

筆者註：是什麼樣的人需要「崇安」這樣的祝語呢？

為什麼國史館要做這種見不得人，又捨不得放棄，這種令人匪夷所思的動作呢？

（3）國家安全局科學研究室，關於紐約新華分社透露《北美日報》「將於 6 月 30 日刊登董桂森（小董）專訪、談話要點：

時間：1986 年 6 月 29 日。

這份資料以「科學情報」出現，我們圈內人一看就知道，那是國安局所屬「科研室」，於 1986 年 6 月 28 日夜間 11 時 43 分開始，至 6 月 29 日 0 時 43 分止，整整一個小時，截錄：紐約中共新華社發給北京新華社的密電。

內容：《北美日報》預訂於 6 月 30 日，刊登該報記者在美國賓州、路易斯堡聯邦監獄，專訪江南案兇手董桂森（小董）的談話內容，要點如下：

（3-1）國民黨當局，包括一位中將級重要軍官，曾經主動提出 4 億台幣預算，做為竹聯幫擴展至各縣市經費，一來可以控制台灣黑社會，主要可以對付黨外人士及台獨份子的暴動。

（3-2）陳啓禮擔任青年黨主席，期間曾通令全台竹聯幫份子一律加入青年黨。

（3-3）小董：我並不後悔，因為涉入江南案，淪為階下囚，但是被政府「出賣」，讓我心中充滿悲痛與忿恨，而且在他逃亡菲律賓期間，政府還派出殺手，企圖置我於死地，目的就是怕我揭發江南案內情。

（3-4）1984 年底，小董逃離台灣到菲律賓。

1985 年 9 月 20 日，在巴西被捕，關在首都普多利亞監獄。

1986 年 4 月，被移送到美國賓州，路易斯堡聯邦監獄。

1986 年 6 月小董接受《北美日報》專訪，全盤說出江南案幕後，不為人知、國民黨高層、內部的佈局。

1988 年 5 月 11 日，美國加州舊金山紅木城高等法院，判決董桂森一級謀殺、處有期徒刑 27 年。

（3-5）1991 年 1 月 21 日汪希苓、陳啟禮、吳敦，假釋出獄。

1991 年 4 月 3 日董桂森於美國賓州路易斯堡聯邦監獄，因故被刺、傷重不治。

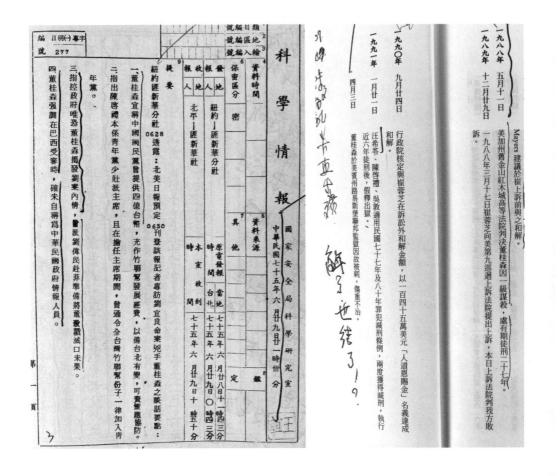

左圖：什麼是「科學情報」？1986 年 6 月 29 日國安局所屬科研室於深夜 11 時 43 分開始到翌日 0 時 43 分，完整 1 小時截錄紐約新華社發給北京新華社，採訪被關在監獄中，江南案的董桂森（小董），全部傳真內容。

右圖：1991 年 4 月 3 日小董在美國聯邦監獄因故被刺身亡。你相信嗎？小董死了！江南案也結束了。

| 結語 |

江南案算是結束了嗎！？

1.有關小董這篇專訪，收錄在鴨子的陳情書之後。《戰後臺灣政治案件：江南案史料彙編》（三），P1928～1936。

2.江湖有云：無風不起浪，2030頁《戰後臺灣政治案件：江南案史料彙編》，唯有這二篇，我一讀再讀，沉痛的心在滴血。

因為我知道：

小董這篇專訪結束，汪希苓、陳啓禮、吳敦出獄。小董死在監獄後，你相信他是因故被刺身亡嗎？我不相信！

但是，我知道：

對於那些關心蔣經國接班，幕後包括國際因素的人來說：江南案算是結束了！

3.或許這些拼圖外，還會有更清楚的火花出現？那麼就請您自己去拼圖吧……！

唯一附件

軍法大審最後陳述

■榮譽理事長 陳虎門

法官先生：我是個革命軍人又是個情報軍官，我熱愛我的國家和我的工作，我也崇敬我的長官。有關本案：我和他們沒有任何私人關係存在，又沒有個人主張，完全是秉承上級命令，忠誠地去執行我職務範圍內的工作而已。我沒有錯；我的長官也沒有錯。如果執行上級命令是犯法的話，我不知道今後的大陸工作如何去做？！情報局的工作同志又如何自處？！

今天我才深深體會出本局工作創始人　戴先生訓勉我們的一句話「本局的光榮歷史；是用同志們的血汗、淚水和經驗，而換取得來的」。不管本案判決結果如何，我要利用這個機會告訴情報局工作同志幾句話：請大家不要灰心、不要洩氣，我們要有接受打擊的勇氣，更要加倍努力，早日完成先總統　蔣公交賦我們的「光復大陸國土」神聖使命，祇有到這個時候，我們才能做一個堂堂正正的中國人。

我也要呼籲社會大眾，我們已有很多同志被敵人處決，更有無數的同志尚被拘禁中，他們也有父母、妻子、兒女，他們為什麼要冒著生命的危險，而勇於赴難？！難道是為那微薄的待遇嗎？！當然不是！他們是為國家的存亡和人民的福祉，才肯去犧牲奉獻的。

請不要說情報局紀律廢弛；請不要說情報人員是不肖官員，這是令我感到最不公平和最痛心的事，我並不需要大家的同情；我祇請求社會大眾給予情報人員一些精神上的鼓勵，使他們再去犧牲時，在內心中感覺到有點價值那也夠了。最後我要告訴各位的，事情發展至此；我祇感覺到「光榮和驕傲」，這足以告慰關心我的家人、親友和同事的。願上天保佑我們的國家——中華民國。■

民國七十四年四月十二日剌殺劉逆案軍法大審時講

民國七十六年二月十一日　　陳虎門書

歷史與現場 367

江南案拼圖

作　　者—李天鐸
照片提供—李天鐸
總　編　輯—喬振中
封面題字—李轂摩 書法
封面圖像—楊柏林
封面設計—程湘如
美術編輯—李宜芝
主　　編—謝翠鈺
企　　劃—鄭家謙

董 事 長—趙政岷
出 版 者—時報文化出版企業股份有限公司
　　　　　108019 台北市和平西路三段二四〇號七樓
　　　　　發行專線—（〇二）二三〇六六八四二
　　　　　讀者服務專線—〇八〇〇二三一七〇五
　　　　　　　　　　　（〇二）二三〇四七一〇三
　　　　　讀者服務傳真—（〇二）二三〇四六八五八
　　　　　郵撥——九三四四七二四時報文化出版公司
　　　　　信箱——〇八九九　台北華江橋郵局第九九信箱

時報悅讀網— http://www.readingtimes.com.tw
法律顧問—理律法律事務所 陳長文律師、李念祖律師
印　　刷—科億印刷股份有限公司
一版一刷—二〇二四年九月二十七日
一版四刷—二〇二四年十二月六日
定　　價—新台幣五〇〇元
缺頁或破損的書，請寄回更換

江南案拼圖 / 李天鐸作 . -- 一版 . -- 臺北市：時報文化出版企業股份有
限公司 , 2024.9
　面；　公分 . -- (歷史與現場 ; 367)
ISBN 978-626-396-722-9(平裝)

1.CST: 臺灣政治 2.CST: 情報組織 3.CST: 報導文學

573.07　　　　　　　　　　　　　　　　113012687

ISBN 978-626-396-722-9
Printed in Taiwan